中國歷史研究法補編

——〈中國考古學之過去及將來〉〈歷史統計學〉合刊

梁啟超／著

大家講堂

學術・民國選書

五南圖書出版公司 印行

學識之法門・智慧之淵藪

——序五南「大家講堂」

五南圖書陸續推出一套叢書叫「大家講堂」。這裡的「大家」，固然不是舊時指稱高門貴族的「大戶人家」，也不是用來尊稱漢代才女班昭「曹大家」的「大家」；但也包含兩層意義：一是指學藝專精，歷久彌著，影響廣遠的人物，如古之「唐宋八大家」，今之文學、史學、藝術、科學、哲學等等之「大家」或「大師」；二是泛指衆人，有如「大夥兒」。而這裡的「講堂」，雖然還是一般「講學廳堂」的意思，只是它已改變了實質的形式，既沒有講席，也沒有聽席；因爲這講席上的大師已經化身在書本之中，只要你打開書本，大師馬上就浮現在你眼前，對你循循善誘；而你自然的也好像坐在聽席上，悠悠然受其教誨一般。

於是這樣的講堂，便可以隨著你無遠弗屆，無時不達。只要你有心向學，便可以隨時隨地學習，受益無量。而由於這樣的「講學廳堂」是由諸多各界大師所主持的講席，是大夥兒都可以入坐的聽席，所以是名副其實的「大家講堂」。

長年以來，我對於五南出版公司創辦人兼發行人楊榮川先生甚爲佩服。他行年已及耄耋，猶以學術文化出版界老兵自居，認爲傳播知識、提升文化是他矢志的天職。他憂慮網路資訊，擾亂人心，佔據人們學識、智慧、性靈的生活。使往日書香繚繞的社會，呈現一片紛亂擾攘的空虛。於是他親自策畫「經典名著文庫」，聘請三十位學界菁英擔任評議，自民國一〇七年，迄今已出版一一〇種。他卻發現所收錄之經典大多數係屬西方，作爲五千年的文化中國，卻只有孔孟老莊哲學十數種而已，實屬缺憾，爲此他油然又興起淑世之心，要廣設「大家講堂」，再度興起人們「閱讀大師」的脾胃，進而品會大師優異學識的法門，探索大師智慧的無盡藏。潛移默化的，砥礪切磋的，再度鮮活我們國民的品質，弘揚我們文化的光輝。

我也非常了解何以榮川先生要策畫推出「大家講堂」來遂他淑世之心的動

機和緣故。我們都知道，被公認的大家或大師，必是文化耆宿、學術碩彥。他們著作中的見解，必是薈萃自己畢生的眞知卓見，或言人所未嘗言，或發人所未嘗發；任何人只要沾溉其餘瀝，便有如醍醐灌頂，頓時了悟；而何況含茹其英華！或謂大師博學深奧，非凡夫俗子所能領略，又如何能夠沾其餘瀝、茹其英華？是又不然，凡稱大家大師者，必先有其艱辛之學術歷程，而爲創發之學說，而爲建構之律則；但大師之學養必能將其象牙塔之成果，融會貫通，轉化爲大衆能了解明白之語言例證，使人如坐春風，趣味橫生。

譬如王國維對於戲曲，先剖析其構成爲九個單元，逐一深入探討，再綜合菁華要義，結撰爲人人能閱讀的《宋元戲曲史》，使戲曲從此跨詩詞之地位而躐之，躋入大學與學術殿堂。魯迅和鄭振鐸也一樣，分別就小說和俗文學作全面的觀照和個別的鑽研，從而條貫其縱剖面、組織其橫剖面，成就其《中國小說史略》、《中國俗文學史》，使古來中國之所謂「文學」，頓開廣度和活色。又如胡適先生《中國古代哲學史大綱》，誠如蔡元培在爲他寫的〈序〉中所言，他能夠先解決先秦諸子材料眞僞的問題。又能依傍西洋人哲學史梳理統緒的形式；

因而在他的書裡，才能呈現出「證明的方法」、「扼要的手段」、「平等的眼光」、「系統的研究」等四種特長，要言不繁的導引我們進入中國古代哲學的苑囿，聆賞先秦諸子的大智大慧。

也因此榮川先生的「大家講堂」一方面要彌補其「經典名著文庫」的不足，既為便以收錄一九四九年以前國學大師之著作為主。凡其核心之學術代表著作，既為畢生研究之精粹，固在收錄之列；而其具有普世之意義與價值，經由大師將其精粹轉化為深入淺出之篇章者，其實更切合「大家講堂」之名實與要義，尤為本叢書所要訪求。

記得我在上世紀八〇年代，也已經感受到「學術通俗化、反哺社會」的意義和重要，曾以此為題，在《聯副》著文發表，並且身體力行，將自己在戲曲研究之心得，轉化其形式而為文建會製作之「民間劇場」，使之再現宋元「瓦舍勾欄」之樣貌，並據此規畫「民俗技藝園」（今之宜蘭傳統藝術中心），作為維護薪傳民俗技藝之場所，並藉由展演帶動社會及各級學校重視民俗技藝之熱潮，乃又進一步以「民俗技藝」作文化輸出，巡迴演出於歐美亞非中美澳洲列國，可以說是一個很成功的例證。近年我的摯友許進雄教授，他是世界甲骨學名家，其學術根柢之深厚、成就之豐碩無須多言，他同樣體悟到有如「大家講堂」的旨趣；乃以通俗的筆墨，寫出了《字字有來頭》七冊和《漢字與文物的故事》四冊，頓時成爲兩岸極暢銷之書。其《字字有來頭》還要出版韓文翻譯本。

已經逐步推出的「大家講堂」，主編蘇美嬌小姐說，爲了考量叢書在中華學識和文化上的意義和價值，因此其出版範圍先以「國學」，亦即以中國文史哲爲限。而以作者逝世超過三十年以上之著作爲優先。而在這裡我要強調的是：「大家」或「大師」的鑑定務須謹嚴；其著作最好是多方訪求，融會學術菁華再予以通俗化的篇章。如此才能眞正而容易的使「大家」或「大師」在他主持的「大家講堂」上，如「隨風潛入夜，潤物細無聲」的春雨那樣，普遍的使得那熱愛而追求學識的一大夥人，都能領略其要義而津津有味。而那一大夥人也像蜜蜂經歷繁花香蕊一般，細細的成就，釀成自家學識法門的蜜汁；而久而久之，許許多多大家或大師的智慧，也將由於那一大夥人不斷的探索汲取，而使之個個成就爲一己的智慧淵藪。我想這應當更合乎策畫出版「大家講堂」的遠猷鴻圖。

榮川先生同時還策畫出版「古釋今繹系列」和「中華文化素養書」做為「大家講堂」的姐妹編，爲此使我更加感佩他堅守做爲「出版界老兵」的淑世之心。

曾永義序於台北森觀寓所

二〇二〇年元月二十九日晨

導讀

近代中國的史學發展，大致歷經了三重思想變化，而且每次都與現實環境的牽動密切有關。第一次變化的內容，主要係爲了因應晚清危局，界定「什麼是歷史」？結果是提出「新史學」的口號。第二重變化焦點則在於「如何研究歷史」？最能說明這方面的成果，便是一九二〇年代由胡適（一八九一—一九六二）等人所推動的「整理國故」運動。至於最後一次所經歷的變遷，是關於「怎樣解釋歷史」，以作爲未來選擇和取決的途徑；我們可以舉「社會史論戰」和馬克思史學在中國發展作爲代表。本書的作者梁啓超（一八七三—一九二九），即是第一重「史界革命」運動的發起人；毫無疑問，本書也是標示著中國傳統史學邁向現代史學的轉型代表之作。

梁啓超的史界革命及意義

梁啓超，字卓如、任甫，號任公、飲冰子，別署「飲冰室主人」，廣東新會人，是戊戌變法領袖之一，也是中國近代思想家、政治活動家、學者，被譽稱爲「百科全書式的巨人」。梁一生其實有著非常燦爛且豐富的傳奇故事，其定位始終是研究歷史的人最感興味的題材。陶希聖（一八九九—一九八八）嘗以民國「五·四」運動爲分期，說之前思想界主要以梁任公爲首，此後則是胡適開啓風氣，成爲文化運動的導師。儘管這樣的比喻未必全屬事實，但卻恰如其分地點出了清末民初思想界中梁啓超的位置。其中，梁生平活動最常爲人所稱道的，即是他在近代中國提出史學革命的貢獻。

二十世紀初「新史學」口號之所以能夠提出，絕非無的放矢，有其時代背景的因素。簡單地說，晚清以降由於中國接連遭受政治和外交上的挫敗，愈形激發了民衆強烈的救亡圖存意識。爲了思考如何來拯救國族危亡，當時許多人努力尋求各種解決途徑，梁啓超便是其中之一。這位「言論界的驕子」極敏感地掌握時代趨勢，選擇以史學爲起點，重新出發；很快地，他的言論席捲了整個輿論及知識界，不能不說獨具匠心。因爲對中國人來說，「史」原本就是一門古老又熟悉的學問，早已流傳悠久，累積了相當豐富的經驗和思想資源。無論從代表私人立場的《史記》，還是到官方所主導編修的正史，甚至其他形形色色不同的紀傳、編年，乃至地方志等文類，可以說，史學發展在中國的學術傳統裏並不陌生。然而，史學知識原本所該具備鑑往知來的功能，卻在十九世紀時一連串外人列強的壓迫之下，暴露其缺點，也失去了應有的地位。人們反而從以往的歷史教訓中，找不到如何因應這「三千年來未有之變局」的對策。梁啓超即於此風潮下趁勢而起，對史學提出深刻的反思。就在一九〇一年時，梁先發表〈中國史敘論〉；一九〇二年又有〈新史學〉一文，昭告民衆不能再沿襲過去舊有的歷史思維，高唱史界必須革命的呼聲。

「新史學」的大致有以下幾項意義。首先就內容來看，梁啓超一再強調：因爲中國人的心中只有「朝廷」，而缺乏「國家」的觀念，所以人民無從建立「愛國心」。爲此他高聲倡籲，要想讓百姓塑造愛國觀念，史學改革是絕對且必要的作法。細究梁啓超的目的，是爲了要以各種方法凝聚人民，完成「有意識」的建構工作。於是他以批評傳統史學爲對象，希望藉此突破和喚醒人們對朝廷／國家、個人／群體的理解。

其次是「新史學」構想的提出，也象徵中國面臨到思想「解放」的時刻。近代中國的思想文化有一股重要的發展趨勢，即是經學的邊緣化和史學的中心化。原來經學在官方的統治之下，深具顛撲不破的獨尊形象和地位。換言之，帝國的知識菁英如果爲了進入官僚系統，或者成爲勞心的統治階層，必須通通接受經學知識，服從其所形塑出來的「意義之網」。因此，至少在清代而言，經書學問還是一套最有力維繫統治的象徵符號，迫使人們不得不重視它。不過如此的權力網絡，在清季時逐步動搖，最明顯的情形就是各地廢除科舉的聲音不斷。梁啓超的史學理念及主張，非但凸顯經學業已獨霸的局面已被打破，還在思想眞空的局勢裏，進而強化了史學和史家所應具備的任務。所以新史學的目的，不獨爲了重新定位國家／朝廷的關係而已，並且解決了史學本身道德主體與過度教條化的危機。同時，進一步經由澄清了史料的性質，擴大其範圍，釐清了史學和其他學科間關係。如果我們從梁氏一系列的著作來看，一樣也能彰顯若干其中的意義。

梁啓超提出史界革命和意義，除了陸續有單獨成篇的文字外，最具體的展現是一九二〇年代將歷次的演講集結成書。一九二一年秋天，梁啓超接受天津南開大學的邀請，講演有關中國歷史研究法的課題。這位清季以來飽受注目的政治思想家，用他熱情洋溢的口才，加上豐富的經驗和學識，吸引了無數的青年學子。接著一九二六年十月至隔年三月，梁氏又在清華大學陸續演講，對中國歷史研究又提出補充。後來根據講演所輯成的《中國歷史研究法》及《中國歷史研究法補編》（以下簡稱《補編》），即是梁個人長期有關對史學的思考，以及在中國歷史方面的觀察心得。

從進化走向文化的多元性

當讀者披覽梁啓超的兩部歷史研究方法著作時，應該留心這不啻是個人對史學心得的總結，同時也是他自己思想與時俱進的表現。

前面曾經提過，梁啓超的「新史學」口號係以批評傳統中國史學而來；從《中國歷史研究法》及《補編》裏亦有類似的看法。在提出「新史學」的階段，梁氏以單線進化的框架和「文明」的視野，作爲他構築具有政治意義的「國民史學」，直到《中國歷史研究法》書中仍可見少數痕迹。以這個角度而言，理解中國民衆迫切需要新的史學觀念，其實是和追求富強、「新民進化」密不可分的。在梁看來，新的史學研究方法無疑擁有一項利器，目的要使民衆能夠獲得「國民的資治通鑑」和「人類的資治通鑑」，以確保能夠喚醒中國。所以在定義歷史時，他強調「今日之史，其讀者爲何許人耶？既以民治主義立國，人人皆以國民一分子資格立於國中，又以人類一分子之資格立於世界；共感於過去的智識之萬不可缺，然後史之需求生焉。」（頁〇八）因爲今世的歷史觀念異於古代，所以得有截然不同的想法，梁氏主張：要以中國民族整體來作爲考量。對照舊史而言，那些純粹都是爲少數階級所寫，都是爲了標榜死人的功績而作；但新史則不然，應該要講求普遍性、客觀性、功能性，目的是爲了全體國民而撰寫的。

因爲瞭解進化對歷史的意涵，《中國歷史研究法》也別出心裁地提醒讀者：要留意那些屬於社會心理的層面。梁啓超反對採取以「英雄即是歷史」的角度觀察歷史。梁認爲，歷史圖像如果只有少數人物撐起，如同傳統正史是「帝王將相的家譜」一樣，未免失之簡略，可能會忽視集體所呈現出來的「共相」。因此，梁氏看法是：社會心理實爲個人心態的擴大化合物，應該是重視前者，而非後者：

史家最要之職務，在覷出此社會心理之實體，觀其若何而蘊積，若何而發動，若何而變化，而更精察夫個人心理之所以作成之表出之者，其道何由。

（頁一八八）

當「多數人格者」展現出一種獨特的意向時，能否掌握這種「同一心之活動」，才是眞正的關鍵；用梁啓超的話，研究歷史的目的即在獲得「史蹟」。從今天史學的觀念來看，梁氏書中屢屢言及的「史蹟」兩字，毋寧是指「心態」（mentalities）的意思。《補編》中進一步加以實踐，更以此列爲專史寫作的方式，認爲乃源自傳統史學中的紀事本末體。

當然，我們也無須過分地放大進化論對梁啓超的影響。不同於章太炎（一八六九—一九三六）直接對西方現代性的批判和拒絕，梁對中國史學研究的認知，至少還反映出他個人從迎到拒的過程。特別在一九二〇年代初期，中國知識界由於歐戰後西方對物質進步、科學萬能等價值產生懷疑，文化破產的論調此起彼落，多少也影響了梁氏個人；於是言論中開始放棄單線進化的觀點，注意到文化的多樣性。最明顯的實例是《中國歷史研究法》直截反對再使用坊間迻譯日本的《東洋史》一類書籍，認爲它們「率皆鹵莽滅裂，不值一盼」。在他看來，援用以進化作爲歷史書寫方式的日本東洋史學，未必足以深刻理解中國歷史的特色；甚至高呼民間學校通用的國史教科書，以這類書充數，「眞國民莫大之恥也」。（頁九二）這和他早期受今文學刺激，而接受進化史觀，並得自日本學者福澤諭吉（一八三四—一九〇一）、浮田和民（一八五九—一九三五）的史學思想而言，梁啓超果眞令人有「不惜以今日之我，難昔日之我」之感。

關於《中國歷史研究法》及《補編》呈現出梁氏留心文化的多樣性，還可以從他關懷西方史學、中國佛學和儒家傳統來看。近人的研究指稱，梁啓超的著作有關史料分類、分析歷史古蹟等說法，泰半出於法國史家郎格諾瓦（Charles V. Langlois, 一八六三—一九二九）、瑟諾博司（Charles Seignobos, 一八五四—一九四二），以及德國伯倫漢（Ernst Bernheim, 一八五〇—一九二二）等人的影響。而佛學和儒家方面，像他引用「心能」、「共業」、「業種」、「業果」、「互緣」、「既濟未濟」「立人達人」等詞彙，注意到佛經資料與研究玄奘（六〇二—六六四）傳記等處亦可見。梁氏由於深感佛教思想影響中國之大，玄奘其實居功厥偉，可是長期以來卻無人瞭解，所以重視其歷史地位。他特別關注佛教在中國生根的意義，認定文化要大於宗教本身的功能；同樣地，宗教史對梁而言，更是掌握時代心理的關鍵。至於對傳統史學的再認識，《補編》裏更以年譜——這項從宋代以來便流傳久遠的體裁爲例，鉅細靡遺地詳述不同種類和特色。

再者，梁啓超在書中也不時為一九二〇年代的史學趨勢和風氣提出反思。在《中國歷史研究法》裏，梁氏覺得人們「今是古非」的態度，應該加以批評。他雖然肯定透過設立假說而獲得新理解，不過卻反對過度的解釋。尤其是關於史料鑑別上，梁啓超也認為「動輒以今律古，而不知所擬者全非其倫也」（頁一二一）。同樣於《補編》中，他還強調：「別擇資料」固為史學最堪注意的一點，可是「流弊乃專在瑣碎的地方努力，專向可疑的史料注意，忘了還有許多許多的眞史料不去整理」；因為過度往「補殘鉤沉」的路上走，卻忽略了現成資料的可貴（《補編》，頁二四二—二四三）。對於疑古派每每以「科學」眼光和作法進行歷史研究，梁氏也發揮良心想要挽救弊端。這不僅是他個人的觀察與體會，也是他修正史學研究路線、適應時代的體現。

最後我們也可以用因果關係的例子，釐清梁啓超扮演「帶領中國史學邁向近代史學道路」的角色。直到《中國歷史研究法》及《補編》出版後，梁氏徹底擺脫用因果律來解釋歷史變遷，認為「歷史為人類自由意志的創造品」，而非自然科學因果關係所可控馭。換句話說，「必然的因」而導致「必然的果」，在具有自由意志的人類來說並不必然。梁啓超在《中國歷史研究法》指稱：人的自由意志是不可捉摸，所以歷史現象不能全以「因果」來看待，所有事件均係偶發，只可說是一種「互緣」的關係使然。他說：

> 互緣怎麼解呢？謂互相的緣。佛典上常說的譬喻「相待如交蘆」，這件事

> 和那件事有不斷的聯帶關係，你靠我、我靠你才能成立，就在這種關係狀態之下，前波後波銜接動盪，便成一個廣大深淵的文化史海。（頁二一二—二一三）

不但個人因事件而產生改變的契機，也進而影響事件的發展；事件也由於許多人做出不同的決定，而發生了人們預期不到的種種效果。這樣交互影響的結果，如同諾貝特・埃利亞斯（Norbert Elias, 一八九七—一九九〇）解釋文明進程時所談的「交互依存」（interdependence）的關係一般。梁啓超如此先知先覺的體會，也帶給我們同樣有關歷史的理解，說明他身爲傳統到現代轉型的意義。

梁啓超對中國歷史研究的影響

梁著的兩部歷史研究法，從今日看來，仍有不少値得吾人借鏡參考之處。像是他的講演一直不斷提醒我們重視一個問題：在面對史學革新的道路上，到底應該如何讓歷史的眞相得以完整地呈現？有些歷史現象經常稍縱即逝，往往會因爲我們識見所囿，難免被忽視，所以梁氏提醒：應該隨時保持警覺，要有「新注意」，要以別具隻眼的方式尋求「新意義」。此外，梁啓超也嘗試想要追問：究竟該怎麼重新定義史家的任務？例如當高舉劉知幾（六六一—七一二）、章學誠（一七三八—一八〇一）等的「史家四長」說法，梁卻刻意將「史德」列爲首要，値得深思。他在《補編》說：「學歷史，其目的就在想將來有所貢獻」（《補編》，頁一七），即便是研治現代事實，也需審慎明辨，斷不能強加主觀意見，顚倒是非。梁氏個人即爲活生生見證，他隨時有錯必改，不惜挑戰昨日己非，便是顯例。換言之，梁啓超對一位史家的要求很高，要力求忠實，摒除誇大、附會、武斷之弊；而且學歷史的人需要的不是博聞強記的記憶力，更應該要有正確精密的觀察力，不被因襲傳統所限，不被既有成見所限。

毫無疑問，梁啓超的《中國歷史研究法》和《補編》確實啓發了無數後輩，刺激他們用新的角度來面對史學，對歷史能夠有所反省，無論是在史料的鑑別、歷史態度的看待，還是研究課題的瞭解上。所以，當梁書一出後，馬上吸引了無數關心撰寫中國歷史的人；而梁氏本人對中國史的理解和詮釋，也促使了更多人勇於投入發掘以往輕忽或隱藏的課題。類似這樣的實例很多，俯拾皆是。譬如，日本學者桑原隲藏（一八七〇—一九三一）曾寫過一篇讀後感，特別指出梁啓超在這方面的貢獻。桑原文章中把唐宋時期有關外國貿易的問題，像貿易港的位置及情況、市舶司的起源、關稅制度、居留地制度等等點出，認爲梁氏羅列這些課題，確實日本學界尚未多見，值得進一步探討。又例如《補編》提到淮揚鹽商、廣東十三行等商業中心的研究，日後何炳棣（一九一七—）和梁嘉彬（一九一〇—一九九五）皆賡續完成，爲中國歷史空白處增添充實的一頁。

在這些傳承的關係之中，我們不該忘了錢穆（一八九五—一九九〇）也有部同名的《中國歷史研究法》。雖然錢氏亦爲講演稿匯集而成，但不同的是該書完成在一九六〇年代，內容著重點亦殊異。錢著認爲，研究歷史當注意的是歷史背後所蘊藏而完成之文化。儘管兩書不約而同地正視「文化史」所具備的意義，也都留心到通史體裁；不過，從擺脫「帝王家譜」和「殖民侵華」的歷史書寫來看，梁啓超的《中國歷史研究法》還凸顯了時代的精神，可供吾人細細品嘗。

曾有人說：「閱讀是一種對話的過程」。讀者需要的是不斷地讓自己的大腦活動，找尋作者論述的主旨，然後彼此達成共識。對今天的我們而言，或許已經來不及有機會親臨一九二〇年代的大學講堂，咀嚼梁啓超那些對於中國史學特定的看法和見解，卻不妨披覽這部業經整理出來的講稿，從中察覺那隻字片語的生命力，一種來自過去與現在之間的思索，以及關於歷史知識的盛宴。

林志宏

目次

中國歷史研究法補編

緒論

此次所講的《歷史研究法》，與幾年前所講的《歷史研究法》迥然不同。一則因為本人性情，已經講過的東西不願再講；再則用舊的著作做講演稿，有什麼意思。諸君不要以為此次所講的就是前次講過的，我那舊作《中國歷史研究法》只可供參考而已。此次講演實為舊作的一種補充。凡《中國歷史研究法》書中已經說過的，此次都不詳細再講。所以本篇可名之為《補中國歷史研究法》或《廣中國歷史研究法》。

本演講全部組織，可以分為「總論」「分論」兩部。總論注重理論的說明。分論注重專史的研究。其宗旨在使有研究歷史興味的人，對於各種專史知道應該研究，並且知道如何研究。舊作所述，極為簡單，不過說明一部通史應如何作法而已。此次講演，較為詳細，偏重研究專史如何下手。因為作通史本不是一件容易的事情。專史沒有做好，通史更做不好。若是各人各做專史的一部分，大家合起來，便成一部頂好的通史了。此次講演，既然注重專史，所以又可叫作《各種專史研究法》。總論的部分，因為是補充《中國歷史研究法》所不足，所以很凌亂，沒有什麼系統。分論的部分，因為注重各種專史的作法，所以較複雜，更豐富；其內容又可分為五項：

㈠**人的專史**　即舊史的傳記體、年譜體，專以一個人為主。例如《孔子傳》、《玄奘傳》、《曾國藩年譜》等。

(二)**事的專史**　即舊史的記事本末體，專以重大事情爲主。例如晚明流寇、復社本末、洪楊之亂、辛亥革命等。

(三)**文物的專史**　即舊史的書志體，專以文物典章社會狀況爲主。如我去年在本校（清華）所講《文化史》即屬此項性質，此在專史中最爲重要。

(四)**地方的專史**　即舊史之方志體；因中國幅員太廣，各地發展之經過多所懸殊，舊史專以帝都所在爲中心，實不能提挈全部文化之眞相，所以應該分爲若干區域，以觀其各時代發達之迹。其邊地如滇、黔、西域、關東……等，尤當特別研究。

(五)**斷代的專史**　即舊史的斷代史體，專以一個時代爲主，但不必以一姓興亡劃分。例如《春秋史》、《戰國史》、《晚唐藩鎮及五代十國史》、《宋遼金夏時代史》等。

雖然專史並不只此五種，然粗略分類，所有專史大都可以包括了。例如人的傳記，一人如何做，多人如何做，年譜如何做；又如事的本末，戰爭如何做，變革如何做，興亡如何做；其他文物的考據，斷代的劃分，應該如何：這類問題，以後每次講一項；仔細研究，具體討論，每項舉一個例，將各種專史的作法，分門別類，講演一番，於諸君日後自己研究上，或者較有益處。

總論之部　計分三章，其目如下：

第一章　史之目的

第二章　史家之四長

第三章　五[1]種專史概論

此三章，不倫不類，沒有什麼系統與組織。其原因，一則因爲有許多方法，舊作已經講過，此外不必細述；再則因爲此次講演，專重專史的研究，那些空空洞洞的理論也沒有細說的必要。這樣一來，所以總論三章不得不極其簡略了。

1 「五」原誤作「四」。

總論

第一章　史的目的

無論研究何種學問，都要有目的。什麼是歷史的目的？簡單一句話，歷史的目的在將過去的眞事實予以新意義或新價值，以供現代人活動之資鑑。假如不是有此種目的，則過去的歷史如此之多，已經足夠了，在中國他種書籍尙不敢說，若說歷史書籍，除《二十四史》以外，還有《九通》及《九種記事本末》等，眞是汗牛充棟，吾人做新歷史而無新目的，大大可以不做。歷史所以要常常去研究，歷史所以値得研究，就是因爲要不斷的予以新意義及新價値以供吾人活動的資鑑。譬如電影，由許多呆板的影片湊合成一個活動的電影，一定有他的意義及價値，合攏看，是活的，分開看，是死的。吾人將許多死的影片組織好，通上電流，使之活動，活動的結果，就是使人感動。研究歷史也同做電影一樣：吾人將許多死的事實組織好，予以意義及價値，使之活動，活動的結果，就是供給現代人應用。再把這個目的分段細細解釋，必定要先有眞事實，才能說到意義，有意義才能說到價値，有意義及價値才可說到活動。

甲、求得真事實

㈠**鉤沉法**　想要求得眞事實，有五種用功的方法：已經沉沒了的實事，應該重新尋出。此類事實；愈古愈多。譬如歐洲當中世紀的時候，做羅馬史的人，專靠書本上的記載，所以記載的事情有許多靠不住的。後來羅馬、邦渒等處發現很多古代的遺迹實物，然後羅馬史的眞相才能逐漸明白。此類事實，不專限於古代；即在近代亦有許多事實沒去了，要把他鉤出來，例子亦很不少。如俾士麥死了以後，他的日記才流傳出來；那日記上面所記的與前此各種紀錄所傳的大不相同，於是當時歷史上歐洲諸國的關係因而有許多改觀的地方。此種例子，在中國尤其繁多：在光緒二十六、七年間，有一次，德皇威廉第二發起組織中俄德聯盟，相傳結有密約。關於歐洲方面的史料雖略有發現，關於中國方面的史料一點也沒有。要知道這件事的眞相，非設法問當時的當事人不可。慈禧太后死了；慶親王奕劻當時掌握朝政，想來很了然，可惜沒有法子去問。此外，孫寶琦當時爲駐德公使，在理應該清楚，但他並沒有記載下來。若不趁這時問個明白，此項史料便如沉落大海了；我們若把他鉤起來，豈非最有趣味最關緊要的事情。

㈡**正誤法**　有許多事實，從前人記錯了，我們不特不可盲從，而且應當改正。此類事實，古代史固然不少，近代史尤其多。比如現在平漢路上的戰爭，北京報上所載的就完全不是事實。吾人研究近代史，若把所有報紙，所有官電，逐日仔細批閱抄錄，用功可謂極勤，但結果毫無用處。在今日尙如此，在古代亦是一樣。而且還要錯誤得更厲害些。

以上兩種方法，在《中國歷史研究法》上講得很詳，此處用不著細說了。其實吾人研究歷史，不單在做麻煩工作及尋難得資料，有許多資料並不難覓，工作亦不麻煩的題目，吾人尤其應該注意。近人考據，喜歡專門研究一個難題，這種精神固然可取，但專門考校尚非主要工作；沒有問題的資料應當如何整理，極其平常的工作應當如何進行，實爲重要問題。上述二項，講的是含有特別性的事實的處理方法。下面三項，專講含有普通性的事實的處理方法。

㈢ **新注意**　有許多向來史家不大注意的材料，我們應當特別注意它。例如詩歌的搜集，故事的採訪，可因以獲得許多帶歷史成分的材料，前人不甚注意，現在北京大學有人在那裏研究了。還有許多普通現象，普通事務，極有研究的價値的。例如用統計的方法研究任何史料，都可有發明：從地理上的分配及年代的分配考求某種現象在何代或何地最爲發達，也就是其中的一種。又如西域的文化，從前人看得很輕，普通提到甘肅、新疆，常與一般蠻夷平等看待，以爲絕對沒有什麼文化。但據最近的研究，——尤其是法國人、德國人的研究，——發現西域地方在古代不特文化很高，而且與中國本部有密切的關係，許多西方文化皆從西域輸入。此外，有許多小事情，前人不注意，看不出他的重要，若是我們予以一種新解釋，立刻便重要起來。往往因爲眼前問題引出很遠的問題，因爲小的範圍擴張到大的範圍。我們研究歷史，要將注意力集中，要另具隻眼，把歷史上平常人所不注意的事情，作爲發端，追根研究下去，可以引出許多新事實，尋得許多新意義。

㈣ **搜集排比法**　有許多歷史上的事情，原來是一件件的分開著，看不出什麼道理；若是一件件的排比起來，意義就很大了。例如掃帚草是一株極平常的植物，栽花栽到婦帚草，一點也不值得注意；但是若把它排成行列，植成文字，那就很好看了。所謂「屬辭比事，《春秋》之教」，正是這個意思。我們研究歷史，要把許多似乎很不要緊的事情聯合起來，加以研究。又如中國人過節，是一件極普通的事情，一年之中要過許多的節；單過中秋，覺得沒有什麼意義；若把端午、七夕、中秋、重陽等節排比起來，加以比較，然後研究為什麼要過節，過節如何過法，就可以從這裏邊看出許多重要的意義，或者是紀念前哲，或者娛樂自己；國民心理的一部分，胥可由此看出。諸如此類的事實很多，散落凌亂時，似無價值，一經搜集排比，意義便極其重大。所以歷史家的責任，就在會搜集，會排比。

㈤ **聯絡法**　第四種方法可以適用於同時的材料，第五種方法可以適用於先後的材料。許多歷史上的事情，順看平看似無意義，亦沒有什麼結果，但是細細的把長時間的歷史通盤聯絡起來，就有意義，有結果了。比如晚明時代，許多士大夫排斥滿清，或死或亡，不與合作，看去似很消極，死者自死，亡者自亡，滿清仍然做他的皇帝，而且做得很好，這種死亡，豈不是白死亡了嗎？這種不合作，豈不是毫無意義嗎？若把全部歷史綜合來看，自明室衰亡看起，至辛亥革命止，原因結果，極明白了；意義價值，亦很顯然。假如沒有晚明那些學者義士仗節不辱，把民族精神喚起，那末辛亥革命能否產生，還是問題呢。歷史上有許多事情是這樣：若是不聯絡看，沒有什麼意義可言；假如仔細研究，關係極其重要。

上述對事實的五種用功方法，若研究過去事實，此五種方法都有用，或全用，或用一、二種不等。以下再講予以新意義及新價値。

乙、予以新意義

所謂予以新意義，有幾種解釋。或者從前的活動，本來很有意義，後人沒有覓察出來，須得把它從新復活。所謂「發潛闡幽」，就是這個意思。或者從前的活動，被後人看錯了，須得把它從新改正。此種工作，亦極重要。前一項例子比較的少，後一項例子比較的多。譬如研究周公的封建制度，追求本來用意究竟何在；有人說封建是社會上最好的制度，最有益的制度，到底周公採用封建，就是因爲它是最有益的制度嗎？其實周公意思並非認爲封建對於全體社會有何益處，不過對於周朝那個時代較爲適用較爲有益而已。又如研究王荊公的新法，追求他本來用意究竟何在。從前大家都把他看錯了，都認爲一個聚斂之臣。到底荊公採用新法，完全以聚斂爲目的嗎？其實荊公種種舉動，都有深意。他的青苗、保甲、保馬、市易諸法，在當時確是一種富國強兵之要術。到了後來，仍然常常採用呢。還有一種，本來的活動完全沒有意義，經過多少年以後，忽然看出意義來了。因爲吾人的動作，一部分是有意識的動作，一部分是無意識的動作，——心理學上或稱潛意識，或稱下意識。如像說夢話或受催眠術等，都是。——一人如此，一團體一社會的多數活動亦然。許多事本來無意義，後人讀歷史才能把意義看出。總括起來說，吾人懸擬一個目的，把種種無意義的事實追求出一個新意義，本來有意義而看錯了的，給他改正，本有意義而沒覺察的，給他看出來。所謂予以新意義，就是這樣解釋。

丙、予以新價值

所謂予以新價值，就是把過去的事實，從新的估價。價值有兩種：有一時的價值，過時而價頓減；有永久的價值，時間愈久，價值愈見加增。研究歷史的人，兩種都得注意，不可有所忽視。什麼是一時的價值？有許多事實，在現在毫無價值，在當時價值很大。即如封建制度，確是周公的強本固基的方法，周朝八百多年的天下，全靠這種制度維持。吾人不能因爲封建制度在今日沒有用處，連他過去的價值，亦完全抹殺。歷史上此類事實很多，要用公平眼光從當時環境看出他的價值來。什麼是永久的價值？有許多事實，在當時價值甚微，在後代價值極爲顯著。即如晚明士大夫之抗滿清，在當時確是一種消極的、無效果的抵制法，於滿清之統治中國絲毫無損；但在辛亥革命時，才知道從前的排滿是有價值的；而且在永久的民族活動上，從前的排滿也是極有價值。歷史家的責任，貴在把種種事實擺出來，從新估定一番。總括起來說，就是從前有價值，現在無價值的，不要把它輕輕抹殺了；從前無價值，現在有價值的，不要把它輕輕放過了。

丁、供吾人活動之資鑑

新意義與新價值之解釋既明，茲再進而研究供吾人活動之資鑑。所謂活動，亦有二種解釋，即社會活動方面與個人活動方面。研究兩方面的活動，都要求出一種用處。現在人很喜歡倡「爲學問而學問」的高調。其實「學以致用」四字也不能看輕。爲什麼要看歷史？希望自己得點東西。爲什麼要作歷史？希望讀者得點益處。學問是拿來致用的，不單是爲學問而學問而已。

先言社會活動方面：社會是繼續有機體，個人是此有機體的一個細胞。吾人不論如何活動，對於全盤歷史，整個社會，總受相當束縛。看歷史要看他的變遷，這種變遷就是社會活動。又分二目：

㈠**轉變的活動**　因爲經過一番活動，由這種社會變成他種社會，或者由一種活動生出他種活動，無論變久變暫，變好變壞，最少有一大部分可以備現代參考。通常說一治一亂，我們要問如何社會會治，如何社會會亂；並且看各部分各方面的活動，如像君主專制之下，君主宰相的活動，以及人民的活動，如何結果，如何轉變：這樣看出來的成敗得失，可以供吾人一部分的參考。

㈡**增益的活動**　政治的治亂，不過一時的衝動；全部文化才是人類活動的成績。人類活動好像一條很長的路，全部文化好像一個很高的山。吾人要知道自己的立足點，自己的責任，須得常常設法走上九百級的高山添上一把土。因是之故，第一要知道文化遺產之多少。若不知而創作，那是白費氣力。第二要知道添土的方法。我是中國一分子，中國是世界一分子，旁人添一把土，我亦添一把土，全部文化自然增高了。

次述個人活動方面：嚴格說起來，中國過去的歷史，差不多以歷史爲個人活動的模範。此種特色，不可看輕，看歷史要看他的影響，首當其衝者就是個人活動。亦可分爲二目：

㈠**外的方面**　司馬光作《資治通鑑》，其本來目的就是拿給個人做模範的。自從朱子以後，讀此書的人都說他「最能益人神智」。什麼叫益人神智？就是告訴人對於種種事情如何應付的方法，此即歷史家眞實本領所在。司馬光的《資治通鑑》可以益人神智之處甚多，畢秋帆的《續資治通鑑》可以益人神智之處就少了。因爲畢書注意重死的方面，光書注重活的方面。光書有好幾處記載史事，不看下面，想不出應付的方法，再看下面，居然應付得很好。這種地方，益人神智不少。

㈡ **內的方面**　我們看一個偉人的傳記，看他能夠成功的原因，往往有許多在很小的地方，所以自己對於小事末節，也當特別注意。但不單要看他的成功，還要看他的失敗，如何會好，如何會壞，兩面看到，擇善而從。讀史，外的益處，固然很多，內的益處，亦復不少。

史家有社會個人兩方俱顧慮到的，好像一幅影片，能教人哭，能教人笑。影片而不能使人哭，使人笑，猶之歷史不能增長智識，鍛煉精神，便沒有價值一樣。

戊、讀史的方式

附帶要說幾句：關於讀歷史的方法，本來可以不在這兒講。不過稍爲略說幾句，對於自己研究上亦有很大的益處。如何讀歷史，才能變死爲活，才能使人得益，依我的經驗，可以說有兩種：一種是鳥瞰式，一種是解剖式。

㈠ **鳥瞰式**　這種方法在知大概。令讀者於全部書或全盤事能得一個明瞭簡單的概念；好像乘飛機飛空騰躍，在半天中俯視一切，看物撮影，都極其清楚不過。又可以叫作飛機式的讀史方法。

㈡**解剖式**　這種方法在知底細。令讀者於一章書或一件事能得一個徹始徹終的瞭解，好像用顯微鏡細察蒼蠅，把蒼蠅的五臟六腑看得絲絲見骨。這種方法又可以叫作顯微鏡的讀史方法。

此回所講，偏於專史性質，即較精細深刻，所以用的方法以解剖式爲最多。然用鳥瞰式的時候亦有。最好先得概念，再加以仔細研究，一面做顯微鏡式的工作，不要忘了做飛機式的工作。一面做飛機式的工作，亦不要忘了做顯微鏡式的工作。實際上，單有鳥瞰，沒有解剖，不能有圓滿的結果。單有解剖，沒有鳥瞰，亦不能得良好的路徑。二者不可偏廢。

至於參考書目，關於專門的，我想開一總單，不分章節。因爲圖書館少，恐怕分配不均。開一總單，則彼此先後借閱，不致擁擠。下禮拜打算就開出來。（名達按：先生後因身體不健，未及編此參考書目。）關於一般的，可以先讀下列各書；沒讀過的非讀不可，讀過的不妨重讀。

㈠《中國歷史研究法》　梁啓超

㈡《史通》　劉知幾

㈢《通志》（總敘及二十略敘）　鄭樵

㈣《文史通義》　章學誠

㈤《章氏遺書》（關於論史之部）　章學誠

第二章　史家的四長

劉子玄[1]說史家應有三長，即史才，史學，史識。章實齋添上一個史德，並為四長。實齋此種補充，甚是。要想做一個史家，必須具備此四種資格。子玄雖標出三種長處，但未加以解釋；如何才配稱史才史學史識，他不曾講到。實齋所著《文史通義》，雖有〈史德〉一篇，講到史家心術的重要，但亦說得不圓滿。今天所講，就是用劉、章二人所說的話，予以新意義，加以新解釋。

子玄、實齋二人所講，專為作史的人說法。史學家要想作一部好史，應具備上述三長或四長。同學諸君方在讀書時代，只是預備學問，說不上著作之林；但我們學歷史，其目的就在想將來有所貢獻；此刻雖不是著作家，但不可不有當著作家的志向。並且，著作家的標準亦很難說，即如太史公用畢生精力作了一部《史記》，後人不滿意的地方尚多，其餘諸書更不用說了。此刻我們雖不敢自稱著作家，但是著作家的訓練工作則不可少。所以史家四長之說，就不得不細細用一番工夫去研究，看要如何才能夠達到這種目的。

至於這幾種長處的排列法，各人主張不同；子玄以才為先，學次之，識又次之；實齋又添德

1　「玄」原作「元」。下同。

於才學識之後。今將次第稍爲變更一下，先史德，次史學，又次史識，最後才說到史才。

甲、史德

現在講史德；諸君有工夫，可參看《文史通義》的〈史德〉篇。實齋以爲作史的人，心術應該端正。譬如《魏書》，大衆認爲穢史，就是因魏收心術不端的緣故。又如《左氏春秋》，劉歆批評他「是非不謬於聖人」[2]，就是心術端正的緣故。簡單說起來，實齋所謂史德，乃是對於過去毫不偏私，善惡褒貶，務求公正。

歷代史家對於心術端正一層，大部異常重視。這一點，吾人認爲有相當的必要，但尚不足以盡史德的含意。我以爲史家第一件道德，莫過於忠實。如何才算忠實？即「對於所敘述的史蹟，純採客觀的態度，不絲毫參以自己的意見」便是。例如畫一個人，要絕對像那個人。假使把灶下婢畫成美人，畫雖然美，可惜不是本人的面目。又如做一個地方遊記，記的要確是那個地方，假使寫顏子的陋巷，說他陳設美麗，景致清雅，便成了建築師的計畫，不是實地的事物了。

忠實一語，說起來似易，做起來實難。因爲凡人都不免有他的主觀；這種主觀，蟠踞意識中甚深，不知不覺便發動起來。雖打主意力求忠實，但是心之所趨，筆之所動，很容易把信仰喪失

2 《史記・楚元王世家》作「歆以為左丘明好惡與聖人同」。

了。完美的史德，眞不容易養成。最常犯的毛病，有下列數種，應當時時注意，極力鏟除。

㈠**誇大** 一個人做一部著作。——無論所做的是傳記，是記事本末，是方志，或是國史，——總有他自己的特別關係。即如替一個人做特別傳記，必定對於這個人很信仰，時常想要如何才做得很好。中國人稱說孔子，總想像他是無所不知，無所不曉。所以《孔子家語》及其他緯書竟把孔子說成一個神話中的人物了。例如說孔子與顏子在泰山頂上同看吳國城門中的一個人，顏子看得模糊，孔子看得極其清楚。諸如此類，其意思縱使本來不壞，但是絕非事實，只能作爲一種神話看待。無論說好說壞，都是容易過分，正如子貢所謂「紂之不善，不如是之甚也」。又如地方志，自己是那一省人，因爲要發揮愛鄉心，往往把那一省說得很好。不過，過分的誇大，結果常引出些無聊的讚美，實際上毫無價値。再如講中國史，聽見外國人鄙視中國，心裏就老大不願意，總想設法把中國的優點表彰出來，一個比一個說得更好，結果只養成全國民的不忠實之誇大性。誇大心，人人都有；說好說壞，各人不同。史家尤其難免。自問沒有，最好；萬一有了，應當設法去掉它。

㈡**附會** 自己有一種思想，或引古人以爲重，或引過去事實以爲重，皆是附會。這種方法，很帶宣傳意味，全不是事實性質。古今史家，皆不能免。例如提倡孝道，把大舜做個榜樣，便附會出完廩浚井等等事實來。想提倡夫婦情愛，便附會出杞梁哭夫的事實，一哭會把城牆哭崩了。愈到近代，附會愈多。關於政治方面，如提倡共和政體，就附會到堯舜禪讓，說他們的「詢於四岳」，就是天下爲公，因說我們古代也有共和政制，民主精神。關於社會方面，如提倡共產制度，就附會周初井田，是以八家爲井，井九百畝，每家百畝，公田百畝，因說我們古代也講土地國有，平均勞逸。這種附會，意思本非不善，可惜手段錯了。即如堯舜禪讓，有沒有這回事，尙是問題；勉強牽合到民主政制上去，結果兩敗俱傷。從事實本身說，失卻歷史的忠實性；從宣傳效力說，容易使聽的人誤解。曹丕篡漢時，把那鬼混的禪讓禮行完之後，他對人說，「舜禹之事，吾知之矣。」假使青年學子誤解了堯舜「詢於四岳」，以爲就是眞正共和，也學曹丕一樣說，「共和之事，吾知之矣」，那可不糟透了嗎？總之，我們若信仰一主義，任用何手段去宣傳都可以，但最不可借史事做宣傳工具。非惟無益，而又害之。

㈢**武斷**　武斷的毛病，人人都知道不應該，可是人人都容易犯。因爲歷史事實，散亡很多，無論在古代，在近代，都是一樣。對於一件事的說明，到了材料不夠時，不得不用推想。偶然得到片辭孤證，便很高興，勉強湊合起來，作爲事實。因爲材料困難，所以未加審擇，專憑主觀判斷，隨便了之。其結果就流爲武斷了。固然，要作一部歷史，絕對不下斷案是不行的。——斷案非論斷，乃歷史眞相。即如堯舜禪讓，究竟有沒有這回事，固極難定；但不能不搜集各方面的意見，擇善而從，下一個「蓋然」的斷案。——但是不要太愛下斷案了。有許多人愛下判斷，下得太容易，最易陷於武斷：資料和自己脾胃合的，便採用；不合的，便刪除；甚至因爲資料不足，從事僞造；晚明人犯此毛病最多。如王弇州、楊升庵等皆是。

忠實的史家對於過去事實，十之八九應取存疑的態度。即現代事實，亦大部分應當特別審愼。民國十五年來的事實，算是很容易知道了。但要事事都下斷案，我自己就常無把握，即如最近湖北的戰事，吳佩孚在漢口，究竟如何措施？為什麼失漢陽，為什麼失武勝關？若不謹慎，遽下斷案，或陷於完全錯誤，亦未可知，又如同學之間，彼此互作傳記，要把各人的眞性格描寫出來，尙不容易；何況古人，何況古代事實呢？所以歷史事實，因為種種關係，絕對確實性很難求得的時候，便應採取懷疑態度，或將多方面的異同詳略羅列出來。從前司馬光作《資治通鑑》，同時就作考異，或並列各說，或推重一家。這是很好的方法。

總而言之，史家道德，應如鑑空衡平，是什麼，照出來就是什麼，有多重，稱出來就有多重，把自己主觀意見鏟除淨盡，把自己性格養成像鏡子和天平一樣。但這些話，說來雖易，做到眞難。我自己會說，自己亦辦不到。我的著作，很希望諸君亦用鑑空衡平的態度來批評。

乙、史學

有了道德，其次要講的就是史學。前人解釋史學，太過空洞，範圍茫然，無處下手。子玄、實齋雖稍微說了一點，可惜不太清楚。現在依我的意見，另下解釋。

歷史範圍，極其廣博。凡過去人類一切活動的記載都是歷史。古人說，「一部十七史，何從說起？」十七史已經沒有法子讀通，何況由十七而二十二而二十四呢？何況正史之外，更有浩如煙海的其他書籍呢？一個人想將所有史料都經目一遍，尙且是絕對不可能之事；何況加以研究組織，成為著述呢？無論有多大的天才學問和精力，想要把全史包辦，絕無其事。我年輕時，曾經有此種野心，直到現在，始終沒有成功。此刻只想能夠在某部的專史，得有相當成績，便躊躇滿志了。所以凡做史學的人，必先有一種覺悟，曰：貴專精不貴雜博。

孔子說：「君子於其所不知，蓋闕如也。」我們做學問，切勿以為「一物不知，儒者之恥」。想要無所不知，必定一無所知。眞是一無所知，那才可恥哟。別的學問如此，史學亦然。我們應該在全部學問中，劃出史學來；又在史學中，劃出一部分來：用特別興趣及相當預備，專門去研究它。專門以外的東西，盡可以有許多不知；專門以內的東西，非知道透徹周備不可。所以我們做史學，不妨先擇出一二專門工作，做完後，有餘力，再做旁的東西。萬不可以貪多。如想做文學史，便應專心研究，把旁的學問放開。假使又嫌文學史範圍太大，不妨再擇出一部分，如王靜安先生單研究《宋元戲曲史》之類。做這種工作，不深知詩史詞史，或可以；對於本門，則務要盡心研究，力求完備。如此一來，注意力可以集中，訪問師友，既較容易，搜集圖書，亦不困難，才不致遊騎無歸，白費氣力。有人以為這樣似太窄狹，容易拋棄旁的學問，其實不然。學問之道，通了一樣，旁的地方就很容易。學問門類雖多，然而方法很少。如何用腦，如何用目，如何用手，如何詢問，搜集，養成習慣，可以應用到任何方面。好像攻打炮臺，攻下一個，其餘就應手而下了。

有了專門學問，還要講點普通常識。單有常識，沒有專長，不能深入顯出。單有專長，常識不足，不能觸類旁通。讀書一事，古人所講，專精同涉獵，兩不可少。有一專長，又有充分常識，最佳。大概一人功力，以十之七八，做專精的工夫，選定局部研究，練習搜羅材料，判斷眞僞，決擇取捨；以十之二三。做涉獵的工夫，隨便聽講，隨便讀書，隨意談話：如此做去，極其有益。關於涉獵，沒有什麼特別法子，關於專精下苦工的方法，約有下面所列三項：

㈠ **勤於抄錄** 顧亭林的《日知錄》，大家知道是價值很高。有人問他別來幾年，《日知錄》又成若干卷？顧氏答應他說，不過幾條。爲什麼幾年工夫才得幾條？因爲陸續抄錄，雜湊而成，先成長編，後改短條，所以工夫大了。某人日記稱，見顧氏《天下郡國利病書》原稿，寫滿了蠅頭小楷，一年年添上去的，可見他抄書之勤。顧氏常說，「善讀書不知善抄書」。常常抄了，可以漸進於著作之林。抄書像顧亭林，可以說勤極了。我的鄉先生陳蘭甫先生作《東塾讀書記》，即由抄錄撰成。新近有人在香港買得陳氏手稿，都是一張張的小條，裱成冊頁。或一條僅寫幾個字，或一條寫得滿滿的。我現在正以重價購求此稿，如能購得，一則可以整理陳氏著作，一則可以看出他讀書的方法。古人平常讀書，看見有用的材料就抄下來；積之既久，可以得無數小條；由此小條，輯爲長編；更由長編，編爲巨製。顧亭林的《日知錄》，錢大昕的《十駕齋養新錄》，陳蘭甫的《東塾讀書記》，都係由此作成。一般學問如此，做專門學問尤其應當如此。

近來青年常問我，研究其事，什麼地方找材料。我每逢受此質問，便苦於答不出來。因爲資料雖然很豐富，卻是很散漫，並沒有一部現成書把我們所要的資料湊在一處以供取攜之便。就這一點論，外國青年做學問，像比我們便宜多了。他們想研究某種問題，打開百科辭典，或其他大部頭的參考書，資料便全部羅列目前。我們卻像披沙揀金，揀幾個鐘頭，得不到一粒。但爲實際上養成學問能力起見，到底誰吃虧，誰便宜，還是問題。吃現成飯，吃慣了的人，後來要做很辛苦的工作，便做不來了。「誰知盤中飧，粒粒皆辛苦。」一粒米，一顆飯，都經過自己的汗血造出來，入口便更覺異常甘美。我們因爲資料未經整理，自己要做篳路藍縷，積銖累寸的工作，實是給我們以磨練學問能力之絕好機會。我們若厭煩，不肯做，便錯過機會了。

㈡**練習注意**　初學讀書的人，看見許多書，要想都記得，都能做材料，實在很不容易。某先輩云：「不會讀書，書面是平的；會讀書，字句都浮起來了。」如何才能使書中字浮凸起來？唯一的方法，就是訓練注意。昔人常說，好打燈謎的人，無論看什麼書，看見的都是燈謎材料。會作詩詞的人，無論打開什麼書，看見的都是文學句子。可見注意哪一項，哪一項便自然會浮凸出來。這種工作，起初做時是很難，往後就很容易。我自己就能辦得到，無論讀到什麼書，都可以得新注意。究竟怎樣辦到的？我自己亦不知道。大概由於練習。最初的方法，頂好是指定幾個範圍，或者作一篇文章，然後看書時，有關係的就注意，沒有關係的就放過。過些日子，另換範圍，另換題目，把注意力換到新的方面。照這樣做得幾日，就做熟了。熟了以後，不必十分用心，隨手翻開，應該注意之點立刻就浮凸出來。讀一書，專取一個注意點；讀第二遍，另換一個注意點。這是最粗的方法，其實亦是最好的方法。幾遍之後，就可以同時有幾個注意點，而且毫不吃力。前面所述讀書貴勤於抄錄，如果看不出注意點，埋頭瞎抄，那豈不是白抄了嗎。一定要有所去取，去取之間，煞費工夫，非有特別訓練不可。

㈢**逐類搜求**　什麼叫逐類搜求？就是因一種資料，追尋一種資料，跟蹤搜索下去。在外國，工具方便，辭典充備，求資料尚不太難；中國工具甚少，辭典亦不多，沒有法子，只好因一件追一件。比如讀《孟子》，讀到「楊朱墨翟之言盈天下」之語，因有此語，於是去搜尋當時的書，看有什麼人在什麼地方說過這類的話。《韓非子・顯學篇》說：「世之顯學，儒墨也。……墨之所至，墨翟也。……自墨子之死也，有相里氏之墨，有相夫氏之墨，有鄧陵氏之墨，……墨離爲三。」《荀子・非十二子篇》又說：「不知壹天下，建國家之權稱，上功用，大儉約而僈差等，曾不足以容辨異，縣君臣，……是墨翟、宋鈃也。」[3]孫仲容因得這種資料，加以組織，作〈墨學傳授考〉、〈墨家諸子鉤沉〉等文，作得的確不錯。爲什麼能有那樣著作？就是看見一句話，跟蹤進去。這種工作，就叫作逐類搜求。或由簡單事實，或由某書注解看見出於他書，因又追尋他書。諸君不要以爲某人鴻博，某人特具天才；其實無論有多大天才，都不能全記；不過方法好，或由平時紀錄，或由跟蹤追尋，即可以得許多好材料。

此外方法尚多，我們暫說三門以爲示範的意思。工作雖然勞苦，興味確是深長。要想替國家做好歷史，非勞苦工作不可。此種工作，不單於現在有益，腦筋訓練慣了，用在什麼地方都有益。誠然，中國史比西洋史難做；但西洋史或者因爲太容易的緣故，把治學能力減少了；好像常坐車的人，兩腿不能走路一樣。一種學問，往往因爲現存材料很多，不費氣力，減少學者能力。這類事實很多，所以我主張要趁年富力強，下幾年苦工，現在有益，將來亦有益。讀書有益，作事亦有益。

3 「僈」原作「優」，下句標點應作「曾不足以容辯異，縣君臣。」

丙、史識

史識是講歷史家的觀察力。做一個史家，需要何種觀察力？這種觀察力，如何養成？觀察要敏銳，即所謂「讀書得間」。旁人所不能觀察的，我可以觀察得出來。凡科學上的重大發明，都由於善於觀察。譬如蘋果落地，是一件很普通的事情，牛頓善於觀察，就發明萬有引力。開水壺蓋衝脫，是一件很普通的事情，瓦特善於觀察，就發明蒸汽機關。無論對於何事何物，都要注意去觀察，並且要繼續不斷的做細密功夫，去四面觀察。在自然科學，求試驗的結果；在歷史方面，求關聯的事實。但凡稍有幫助的資料，一點都不可放鬆。

觀察的程序，可以分為兩種：

㈠**由全部到局部**　何謂由全部到局部？歷史是整個的，統一的。眞是理想的歷史，要把地球上全體人類的事迹連合起來，這才算得歷史。既是整個的，統一的，所以各處的歷史不過是此全部組織的一件機械。不能瞭解全部，就不能瞭解局部；不能瞭解世界，就不能瞭解中國。這回所講專史，就是由全部中劃出一部分來，或研究一個人，或研究一件事，總不外全部中的一部；雖然範圍很窄，但是不要忘記了他是全部之一。比如我們研究戲曲史，算是藝術界文學界很小的一部分；但是要想對於戲曲史稍有發明，那就非有藝術文學的素養不可。因為戲曲不是單獨發生，單獨存在，而是與各方面都有關係。假使對於社會狀況的變遷，其他文學的風尚，尚未瞭解，即不能批評戲曲。而且一方面研究中國戲曲，一方面要看外國戲曲，看他們各方所走的路，或者是相同的，或者是各走各的，或者是不謀而合，或者是互相感應。若不這樣做，好的戲曲史便做不出來。不但戲曲史如此，無論研究任何專史，都要看他放在中國全部占何等位置，放在人類全部占何等位置。要具得有這種眼光，銳敏的觀察才能自然發生。

㈡ **由局部到全部** 何謂由局部到全部？歷史不屬於自然界，乃社會科學最重要之一，其研究法與自然科學研究法不同。歷史爲人類活動之主體，而人類的活動極其自由，沒有動物植物那樣呆板。我們栽樹，樹不能動；但是人類可以跑來走去。我們養雞，雞受支配；但是人類可以發生意想不到的行爲。凡自然的東西，都可以用呆板的因果律去支配。歷史由人類活動組織而成，因果律支配不來。有時逆料這個時代這個環境應該發生某種現象，但是因爲特殊人物的發生，另自開闢一個新局面。凡自然界的現象，總是回頭的，循環的；九月穿夾衣，十月換棉袍，我們可以斷定。然而歷史沒有重複的時代，沒有絕對相同的事實。因爲人類自由意志的活動，可以發生非常現象。所謂由局部觀察到全部，就是觀察因爲一個人的活動，如何前進，如何退化，可以使社會改觀。一個人一群人特殊的動作，可以令全局受其影響，發生變化。單用由全部到局部的眼光，只能看回頭的現象，循環的現象，不能看出自由意志的動作。對於一個人或一群人，看其動機所在，仔細觀察，估量他對於全局的影響，非用由局部到全部的觀察看不出來。

要養成歷史家觀察能力，兩種方法應當並用。看一件事，把來源去脈都要考察清楚。來源由時勢及環境造成，影響到局部的活動；去脈由一個人或一群人造成，影響到全局的活動。歷史好像一條長鍊，環環相接，繼續不斷，壞了一環，便不能活動了。所以對於事實與事實的關係，要用細密銳敏的眼光去觀察它。

養成正確精密的觀察力，還有兩件應當注意的事情：

㈠**不要為因襲傳統的思想所蔽** 在歷史方面，我們對於一個人或一件事的研究和批評，最易為前人記載或言論所束縛。因為歷史是回頭看的；前人所發表的一種意見，有很大的權威，壓迫我們。我並不是說，前人的話完全不對。但是我們應當知道，前人如果全對，便用不著我們多費手續了。至少要對前人有所補充，有所修正，才行。因此，我們對於前人的話，要是太相信了，容易為所束縛。應當充分估量其價值，對則從之，不對則加以補充，或換一個方面去觀察；遇有修正的必要的時候，無論是怎樣有名的前人所講，亦當加以修正。這件事情，已經很不容易。然以現代學風正往求新的路上走，辦到這步尚不很難。

㈡**不要為自己的成見所蔽** 這件事情，那才眞不容易。戴東原嘗說：「不以人蔽己，不以己自蔽。」以人蔽己，尚易擺脫；自己成見，不願拋棄，往往和事理差得很遠，還不回頭。大凡一個人立了一個假定，用歸納法研究，費很多的工夫，對於已成的工作，異常愛惜，後來再四觀察，雖覺頗有錯誤，亦捨不得取消前說。用心在做學問的人，常感此種痛苦。但忠實的學者，對於此種痛苦，只得忍受；發現自己有錯誤時，便應當一刀兩斷的，即刻割捨；萬不可迴護從前的工作，或隱藏事實，或修改事實，或假造事實，來遷就他迴護從前的工作。這種毛病，愈好學，愈易犯。譬如朱陸兩家關於無極太極之辯，我個人是贊成陸象山的。朱晦翁實在是太有成見了；後來讓陸象山駁得他無話可說，然終不肯拋棄自己主張。陸與朱的信，說他從前文章很流麗，這一次何其支離潦草，皆因迴護前說所致。以朱晦翁的見解學問，尚且如此；可見得不以己蔽己不是一件容易事情了。我十幾年前曾說過，「不惜以今日之我，與昨日之我挑戰。」這固然可以說是我的一種弱點，但是我若認爲做學問不應取此態度，亦不盡然。一個人除非學問完全成熟，然後發表，才可以沒有修改糾正。但是身後發表，苦人所難。爲現代文化盡力起見，尤不應如此。應當隨時有所見到，隨時發表出來，以求社會的批評，才對。眞做學問的人，晚年與早年不同；從前錯的，現在改了；從前沒有，現在有了。一個人要是今我不同昨我宣戰，那只算不長進。我到七十，還要與六十九挑戰；我到八十，還要與七十九挑戰。這樣說法，似乎太過。最好對於從前過失，或者自覺，或由旁人指出，一點不愛惜，立刻改正。雖把十年的工作完全毀掉，亦所不惜。

上面所說的這兩種精神，無論做什麼學問，都應當有，尤其是研究歷史，更當充實起來，要把自己的意見與前人的主張，平等的看待，超然的批評。某甲某乙不足，應當補充；某丙某丁錯了，應當修改：眞做學問，貴能如此。不爲因襲傳統所蔽，不爲自己成見所蔽，才能得到敏妙的觀察，才能完成卓越的史識。

丁、史才

史才專門講作史的技術，與前面所述三項另外又是一事，完全是技術的。有了史德，忠實的去尋找資料；有了史學，研究起來不大費力；有了史識，觀察極其銳敏：但是仍然做不出精美的歷史來。要做出的歷史，讓人看了明瞭，讀了感動，非有特別技術不可。此種技術，就是文章的構造。章實齋作《文史通義》，把文同史一塊講。論純文學，章氏不成功；論美術文，章氏亦不成功；但是對於作史的技術，瞭解精透，運用圓熟，這又是章氏的特長了。

史才專講史家的文章技術，可以分爲二部：

子、組織

先講組織。就是全部書或一篇文的結構。此事看時容易，做時困難。許多事實擺在面前，能文章的人可以拉得攏來，做成很好的史；文章技術差一點的人，就難組織得好。沒有在文章上用過苦功的人，常時感覺困難。

組織是把許多材料整理包括起來，又分二事：

㈠ **剪裁**　許多事實，不經剪裁，史料始終是史料，不能成爲歷史。譬如一包羊毛不能變成呢絨，必有所去，必有所取，梳羅抉剔，始成織物。搜集的工作，已經不容易；去取的工作，又更難了。司馬光未作《資治通鑑》之前，先作長編。據說，他的底稿，堆滿十九間屋。要是把十九間屋的底稿全體印出來，一定沒有人看。如何由十九間屋的底稿作成長編，又由長編作成現在的《資治通鑑》，這裏面剪裁就很多了。普通有一種毛病，就是多多的搜集資料，不肯割愛。但欲有好的著作，卻非割愛不可。我們要去其渣滓，留其菁華。這件事體，非常常注意不可。至於如何剪裁的方法，不外多做，用不著詳細解釋。孰渣孰菁，何去何留，常常去做，可以體驗得出來。

㈡**排列** 中看不中看，完全在排列的好壞，譬如天地玄黃四個字，王羲之是這樣寫，小孩子亦是這樣寫，但是王羲之寫得好，小孩子寫得壞，就是因爲排列的關係。凡講藝術，排列的關係卻很大。一幅畫，山水佈置得宜，就很好看。一間屋，器具陳設得宜，亦很好看。先後詳略，法門很多。這種地方，要特別注意。不然，雖有好材料，不能惹人注目。就有人看，或者看錯了，或者看得昏昏欲睡。縱會搜集，也是枉然。至於如何排列的方法，一部分靠學力，一部分靠天才。良工能教人以規矩，不能使人巧。現在姑講幾種通用的方法，以爲示例。

⑴即將前人記載，聯絡熔鑄，套入自己的話裏。章實齋說：「文人之文，惟患其不己出。史家之文，惟患其己出。」史家所記載，總不能不憑借前人的話。《史記》本諸《世本》、《戰國策》、《楚漢春秋》，《漢書》本諸《史記》，何嘗有一語自造？卻又何嘗有一篇非自造？有天才的人，最能把別人的話熔鑄成自己的話，如李光弼入郭子儀軍，隊伍如故而旌旗變色，此爲最上乘之作。近代史家，尤其是乾嘉中葉以後作史者，專講究「無一字無來歷」。阮芸臺作《國史儒林傳》，全是集前人成語，從頭至尾，無一字出自杜撰。阮氏認爲是最謹嚴的方法。他的《廣東通志》、《浙江通志》，謝啓昆的《廣西通志》，都是用的此法。一個字，一句話，都有根據。這種辦法，我們大家是贊成的，因爲有上手可追問。但亦有短處，在太呆板。——因爲有許多事情未經前人寫在紙上，雖確知其實，亦無法採錄；而且古人行爲的臧否與批評，事實的連絡與補充，皆感困難。——吾人可師其意，但不必如此謹嚴。大體固須有所根據，但亦未嘗不可

參入一己發現的史實。而且引用古書時，盡可依作文的順序，任意連串，作成活潑飛動的文章。另外更用小字另行注明出處或說明其所以然，就好了。此法雖然好，但亦是很難。我尚未用。因爲我懶在文章上做工夫。將來打算這樣作一篇，以爲模範。把頭緒脈絡理清，將前人的話藏在其中，要看不出縫隙來。希望同學亦如此做去。

(2)用綱目體，最爲省事。此種體裁，以錢文子的《補漢書兵志》爲最先。（在《知不足齋叢書》內。）頂格一語是正文，是斷案，不過四五百字。下加注語，爲自己所根據的史料，較正文爲多。此種方法，近代很通行。如王靜安先生的《胡服考》，《兩漢博士考》[4]，皆是如此。我去年所作的《中國文化史》亦是如此。此法很容易，很自由，提綱處寫斷案，低一格作注解，在文章上不必多下工夫，實爲簡單省事的方法。做得好，可以把自己研究的結果，暢所欲言。比前法方便多了。雖文章之美，不如前法，而伸縮自如，改動較易，又爲前法所不及。

(3)多想方法，把正文變爲圖表。對於做圖表的技術，要格外訓練。太史公作《史記》，常用表；「旁行斜上，本於周譜[5]，」然仍可謂爲太史公所發明。〈三代世表〉、〈十二諸侯年表〉、〈六國表〉、〈秦楚之際月表〉、〈功臣侯者表〉、〈百官公卿表〉，格式各各不同。因有此體，遂開許多法門。若無此體，就不能網羅這樣許多複雜的材料同事實。歐美人對於此道，

4 原題作《漢魏博士考》。

5 《梁書・劉杳傳》引桓譚〈新論〉原文作「旁行邪上，並效周譜。」

尤具特長。有許多很好很有用的表，我們可以仿造。但造表可眞是不容易，異樣的材料便須異樣的圖表才能安插。我去年嘗作〈先秦學術年表〉一篇，屢次易稿，費十餘日之精力，始得完成。耗時用力，可謂甚大。然因此範繁賾的史事爲整飭，化亂蕪的文章爲簡潔，且使讀者一目了然，爲功亦殊不小。所以這種造表的技術，應該特別訓練。

丑、文采

次講文采。就是寫人寫事所用的字句詞章。同是記一個人，敘一件事，文采好的，寫得栩栩欲活：文采不好的，寫得呆雞木立。這不在對象的難易，而在作者的優劣。沒有文章素養的人，實在把事情寫不好，寫不活。要想寫活寫好，只有常常摹仿，常常練習。

文采的要素很多，專擇最要的兩件說說：

㈠**簡潔**　簡潔就是講剪裁的功夫，前面已經講了。大凡文章以說話少，含意多爲最妙。文章的厚薄，即由此分。意思少，文章長，爲薄。篇無剩句，句無剩字，爲厚。比如飲龍井茶，茶少水多爲薄，葉水相稱爲厚。不爲文章之美，多言無害。若爲文章之美，不要多說，只要能把意思表明就得。做過一篇文章之後，要看可删的有多少，該删的便删去。我不主張文章作得古奧，總要詞達。所謂「詞達而已矣」6，達之外不再加多，不再求深。我生平說話不行而文章技術比說話強得多。我所要求的，是章無剩句，句無剩字。這件事很重要。至於如何才能做到，只有常做。

(二)飛動　爲什麼要作文章？爲的是做給人看。尤其是歷史的文章，爲的是做給人看。若不能感動人，其價值就減少了。作文章，一面要謹嚴，一面要加電力。好像電影一樣活動自然。如果電力不足，那就死在布上了。事本飛動，而文章呆板，人將不願看，就看亦昏昏欲睡。事本呆板，而文章生動，便字字都活躍紙上，使看的人要哭便哭，要笑便笑。如像唱戲的人，唱到深刻時，可以使人感動。假使想開玩笑，而板起面孔，便覺得毫無趣味了。不能使人感動，算不得好文章。旁的文章，如自然科學之類，尚可不必注意到這點。歷史家如無此種技術，那就不行了。司馬光作《資治通鑑》，畢沅作《續資治通鑑》，同是一般體裁。前者看去，百讀不厭；後者讀一二次，就不願再讀了。光書筆最飛動，如赤壁之戰，淝水之戰，劉裕在京口起事，平姚秦，北齊北周沙苑之戰，魏孝文帝遷都洛陽，事實不過爾爾，而看去令人感動。此種技術，非練習不可。

如何可以養成史才？前人說，多讀，多做，多改。今易一字，爲「多讀，少做，多改。」

6 「詞」，《論語・衛靈公》原文作「辭」。

多讀：讀前人文章，看他如何作法。遇有好的資料可以自己試作，與他比較；精妙處不妨高聲朗誦；讀文章有時非搖頭擺尾，領悟不來。少做：做時謹慎，眞是用心去做，有一篇算一篇，無須多貪做；筆記則不厭其多，天天做都好；作文章時，幾個月做一次，亦不算少。要謹慎，要鄭重，要多改，要翻來覆去的看；從組織起，到文采止，有不滿意處，就改；或剪裁，或補充；同一種資料，須用種種方法去做；每作一篇之後，擺在面前細看；常看旁人的，常改自己的；一篇文不妨改多少回，十年之後還可再改。這種功夫很笨。然天下至巧之事，一定從至笨來。古人文章做得好，也曾經過幾許甘苦。比如梅蘭芳唱戲唱得好，他不是幾天之內成功的。從前有許多笨工作，現在仍繼續不斷的有許多笨工作，凡事都是如此。

第三章　五種專史概論

五種專史，前文已經提到過。第一，人的專史；第二，事的專史；第三，文物的專史；第四，地方的專史；第五，時代的專史。本章既然叫著概論，不過提綱挈領的說一個大概；其詳細情形，留到分論再講。

甲、人的專史

自從太史公作《史記》，以本紀列傳為主要部分差不多占全書十分之七，而本紀列傳又以人為主。以後二千餘年，歷代所謂正史，皆踵其例。老實講起來，正史就是以人為主的歷史。專以人為主的歷史，用最新的史學眼光去觀察他，自然缺點甚多，幾乎變成專門表彰一個人的工具。許多人以為中國史的最大缺點，就在此處。這句話，我們可以相當的承認：因為偏於個人的歷史，精神多注重彰善懲惡，差不多變成為修身教科書，失了歷史性質了。但是近人以為人的歷史毫無益處，那又未免太過。歷史與旁的科學不同，是專門記載人類的活動的。一個人或一群人的偉大活動可以使歷史起很大變化。若把幾千年來，中外歷史上活動力最強的人抽去，歷史到底還是這樣與否，恐怕生問題了。譬如歐洲大戰，若無威廉第二、威爾遜、路易喬治、克里孟梭幾個人，歷史當然會另變一個樣子。歐洲大戰或者打不成，就打成也不是那樣結果。又如近三十年來的中國歷史，若把西太后、袁世凱、孫文、吳佩孚……等人——甚至於連我梁啓超——沒有了去，或把這幾個人抽出來，現代的中國是個什麼樣子，誰也不能預料：但無論如何，和現在的狀況一定不同。這就可見個人與歷史的關係，和人的歷史不可輕視了。

一個人的性格興趣及其作事的步驟，皆與全部歷史有關。太史公作《史記》，最看重這點。後來的正史，立傳猥雜而繁多，幾成為家譜墓誌銘的叢編，所以受人詬病。其實《史記》並不如此，《史記》每一篇列傳，必代表某一方面的重要人物。如〈孔子世家〉、〈孟荀列傳〉、〈仲尼弟子列傳〉，代表學術思想界最要的人物，〈蘇秦〉、〈張儀列傳〉代表造成戰國局面的游說之士，〈田單〉、〈樂毅列傳〉代表有名將帥，四公子〈平原〉、〈孟嘗〉、〈信陵〉、〈春申列傳〉，代表那時新貴族的勢力，〈貨殖列傳〉代表當時經濟變化，〈遊俠列傳〉、〈刺客列傳〉代表當時社會上一種特殊風尚。每篇都有深意。大都從全社會著眼，用人物來做一種現象的反影，並不是專替一個人作起居注。

在現代歐美史學界，歷史與傳記分科；所有好的歷史，都是把人的動作藏在事裏頭；書中為一人作專傳的很少。但是傳記體仍不失為歷史中很重要的部分。一人的專傳，如《林肯傳》、《格蘭斯頓傳》，文章都很美麗，讀起來異常動人。多人的列傳，如布達魯奇的《英雄傳》，專門記載希臘的偉人豪傑，在歐洲史上有不朽的價值。所以傳記體以人為主，不特中國很重視，各國亦不看輕。因此，我們作專史，盡可以個人為對象，考察某一個人在歷史上有何等關係。凡眞能創造歷史的人，就要仔細研究他，替他作很詳盡的傳。而且不但要留心他的大事，即小事亦當注意。大事看環境、社會、風俗、時代；小事看性格、家世、地方、嗜好、平常的言語行動，乃至小端末節，概不放鬆。最要緊的是看歷史人物為什麼有那種力量。

每一時代中須尋出代表的人物，把種種有關的事變都歸納到他身上。一方面看時勢及環境如何影響到他的行為，一方面看他的行為又如何使時勢及環境變化。在政治上有大影響的人如此，在學術界開新發明的人亦然。先於各種學術中求出代表的人物，然後以人為中心，把這個學問的過去未來及當時工作都歸納到本人身上。這種作法，有兩種好處：第一，可以拿著歷史主眼。歷史不外若干偉大人物集合而成。以人做標準，可以把所有的要點看得清清楚楚。第二，可以培養自己的人格。知道過去能造歷史的人物，素養如何，可以隨他學去，使志氣日益提高。所謂「奮乎百世之上，百世之下，聞者莫不興起也。」

乙、事的專史

歷史的事實，若泛泛看去，覺得很散漫，一件件的擺著，沒有什麼關係。但眼光銳敏的歷史家，把歷史過去的事實，看成爲史蹟的集團，彼此便互相聯絡了。好像天上的星辰，我們看去是分散的；天文家看去，可以分出十二宮。無論何種事物，必把破碎的當做集團，才有著眼的地方。研究歷史，必把一件件的史蹟看爲集團，才有下手的地方。把史蹟看做集團研究，就是紀事本末體。現代歐美史家，大體工作，全都在此。紀事本末體是歷史的正宗方法。不過中國人從前的紀事本末，從袁樞起，直到現在，我都嫌他們對於集團的分合未能十分圓滿。即如《通鑑紀事本末》把《資治通鑑》所有事實，由編年體改爲紀事本末體，中間就有些地方分得太瑣碎，有些地方不免遺漏。也因爲《資治通鑑》本身偏於中央政治，地方政治異常簡略，政治以外的事實更不用提。所以過去的紀事本末體，其共同的毛病，就是範圍太窄。我們所希望的紀事本末體，要從新把每朝種種事實作爲集團，搜集資料，研究清楚。大集團固然要研究，再分小點，亦可以研究。凡集團事迹於一時代有重大影響的，須特別加以注意。

比如晚明時代的東林、復社，他們的舉動，可以作爲一個集團來研究，把明朝許多事實都歸納到裏邊，一方面可以看，類似政治團體的活動，以學術團體兼爲政治團體，實由東林起，至復社而色彩愈顯。這是中國史上一大事實，很值得研究。研究東林、復社始末，方面很多。本來是學術機關，爲什麼又有團體的政治運動？一方面可以看出學術的淵源及學風的趨勢。另一方面，可以看在野的智識階級的主張。每逢政治腐敗的時候，許多在野學者，本打算閉戶讀書；然而時勢所迫，又不能不出頭說話：這種情形，全由政治醞釀而成。非全部異常明瞭，一部很難瞭解。至於復社，本來是一個團體的別名，同時的其他團體尙多，不過以復社爲領袖，成爲一個聯合會社的性質。我們研究創社人的姓名，及各社員的籍貫，或作小傳，或作統計，可以看出復社的勢力在於何部，明亡以後，復社的活動於當時政治有何影響，滿洲入關，復社人物採取若何態度。從這些地方著手，明末清初的情形可以瞭如指掌了。

又如清世宗（雍正）的篡位前後情形，可以作爲一個集團來研究，把那時候許多事實都歸納到裏邊。這件事情，比較復社始末，材料難找得多。因事涉宮闈，外人很難知道。但是這件事情，關係很大，是清史主要的部分。假使沒有雍正，就不會有乾隆，道咸光宣更不用說了。內容眞相若何，牽涉的方面很多。有關於外國的，如喇嘛教與天主教爭權，因爲世宗成了功，後來喇嘛教得勢，天主教衰落。有關於學術的，如西洋科學之輸入，因天主教被排斥，亦連帶的大受影響，幾乎中絕。有關於藩屬的，如清代之羈縻蒙古、西藏，亦以喇嘛教爲媒介；即經營青海，還是要借重他。這種事情，蒙古、西藏文中稍微有點資料，可以明瞭一部分；中國文字資料就很少。即如年羹堯的事迹，當然和清史很有關係，我們看《東華錄》及《雍正上諭》的記載，極其含糊，得不著一個明瞭的概念。若把所有資料，完全搜出，可以牽連清朝全部歷史的關係。所以研究歷史的人，應當挑出一極大之事，作爲集團，把旁的事實，都歸納到裏面，再看他們的關係影響。研究一個集團，就專心把這個集團弄明白了。能得若干人分頭做去，把所有事的集團都弄清楚，那末全部歷史的主要脈絡就可一目了然了。

丙、文物的專史

最古的文物史，要算《史記》的八書。《史記》於本紀列傳之外，另作《禮》、《樂》、《律》、《曆》、《天官》、《封禪》、《河渠》、《平準》等書。後來班固作《漢書》，改稱爲志，不以人爲主，而以某制度或某事物爲主。凡所敘述，皆當代的文物典章。自太史公創此例後，後代歷史，除小者外，如二十四史，皆同此例。而杜佑所作《通典》，純以制度爲主，上起三代，下至隋唐，一一加以考核。馬端臨仿其體裁作《文獻通考》，範圍更大，義蘊更博。《通典》所述，限於一代朝制；《通考》所述，則於朝制之外，兼及社會狀況。此種著作，中國從前頗爲發達，就是我們所說的文物的歷史。《通典》、《通考》可謂各種制度的總史，不是各種制度的專史。在杜佑、馬端臨那個時候，有《通典》、《通考》一類著作，便已滿足了。此刻學問分科，日趨精密，我們卻要分別部居，一門一門的做去。一個人要作經濟史，同時又要作學術史、目錄學，一定做不出有價值的著述來。要作經濟史，頂好就專門研究經濟。要作學術史，頂好就專門研究學術。要治目錄學，頂好就研究〈藝文志〉、〈經籍志〉等。不惟分大類而已，還要分小類。即如研究經濟史，可以看歷代〈食貨志〉。食貨中包含財政及經濟兩大部分，財政經濟又各有若干的細目。我們不妨各摘其一項，分擔研究，愈分得細愈好。既分擔這一項，便須上下千古，貫徹融通。例如專研究食貨中的財政的，在財政中又專研究租稅，在租稅中又專研究關稅；那末中國外國及關於關稅的資料都要把他搜集起來，看關稅如何起源，如何變遷，如何發展，關稅不平等的原因事實影響如何，乃至現在的關稅會議如何召集，如何進行，關稅自主的要求如何運動，一一記載，解釋明白。這種的工作，比泛泛然作《通典》、《通考》要切實得多，有意思得多，有價值得多。因為整部的文物，很籠統，很含混，無從下手，亦不容易研究明白。所以我主張一部分一部分的研究；先分一個大綱，如經濟、文藝、學術、民族、宗教……等，一二十條；再於每條之下，分為若干類，如經濟之分為財政租稅，文藝之分為文學美術，學術之分為經史，民族之分為原始遷徙同化，宗教之分為道佛等。擇其最熟悉，最相近者，一個時候做一類，或者一個人做一類。久而久之，集少成多，全部文物不難完全暢曉了。

丁、地方的專史

地方的專史就是方志的變相。最古的方志要算《華陽國志》了。以後方志愈演愈多，省有省志，縣有縣志。近代大史家章實齋把方志看得極重；他的著作，研究正史的與研究方志的各得其半。方志，從前人不認為史；自經章氏提倡後，地位才逐漸增高。治中國史，分地研究，極為重要。因為版圖太大，各地的發展，前後相差懸殊。前人作史，專以中央政府為中心，只有幾個分裂時代以各國政府所在地爲中心，但中心地亦不過幾個；——三國有三個，十六國有十六個，——究未能平均分配。研究中國史，實際上不應如此。普通所謂某個時代到某個程度，乃指都會言之；全國十之七八全不是那樣一回事。我們試看分述研究的必要。比如一向稱爲本部十八省的雲南，在三國以前，與中國完全無關；自諸葛渡瀘以後，這才發生交涉。然而雲南向來的發展，仍不與全部歷史的發展相同。唐時的南詔，宋時的大理，都是半獨立的國家。清初吳三桂據雲南，亦取半獨立的態度。三藩之亂既平，設置巡撫，始與本部關係較密。然民國十五年來，雲南直接受中央轄制者不過二三年，其餘諸年仍然各自爲政。自古及今，雲南自身如何發展；中原發達的時候，雲南又受何等影響，有何種變化：這都是應當劃分出來，單獨研究的事情。又如廣東，是次偏的省分，其文化的發達，亦不與中原同。自明以前，廣東的人物及事實，不能影響到中原的歷史，亦於中原的歷史上沒有相當的地位。再如安南、朝鮮，現在不屬中國，然與中國歷史關係很深。安南作中國郡縣較廣東爲早，在黎氏、莫氏獨立尚未終了時，歐人東來，遂被割去。若雲南當南詔、大理或吳三桂獨立未終時，外人適來，恐亦將被割去啊。所以我們對於安南、朝鮮這一類地方，也應當特別研究，不能因爲現在已經失掉而置之不理。上面所說的，還是邊遠省分。說近一點，如中原幾省，最初居住的是什麼人？河南、山東如何變成爲中華民族的中心？後經匈奴、東胡民族的蹂躪，又起了多大變化？這些都是應當特別研究的事情。如欲徹底的瞭解全國，非一地一地分開來研究不可。普通說中國如何如何，不過政治中心的狀況，不是全國一致的狀況。所以有做分地的專史之必要。廣博點分，可以分爲幾大區；每區之中，看他發達的次第。精細點分，可以分省分縣分都市；每縣每市，看他進展的情形。破下工夫，仔細研究，各人把鄉土的歷史風俗事故人情考察明白，用力甚小，而成效極大。

戊、斷代的專史

在整部歷史中，可以劃分爲若干時代，如兩漢六朝隋唐宋元明清；每一個時代中，可以又劃分爲若干部分，如人的，事的，文物的，地方的。含著若干部分，成爲一個時代；含著若干時代，成爲一部總史。總史橫集前述四種材料，縱集上下幾千年的時間。因爲總史不易研究，才分爲若干時代，時代的專史就是從前所謂斷代爲史，起自班固，後世因之，少所更改。不過舊時的斷代，以一姓興亡作標準，殊不合宜。歷史含繼續性，本不可分。爲研究便利起見，挑出幾樣重大的變遷，作爲根據，勉強分期，尙還可以。若不根據重大變遷，而根據一姓興亡，那便毫無意義了。皇帝儘管常換，而社會變遷甚微，雖屬幾代，仍當合爲一個時期。皇帝儘管不換，而社會變遷極烈，雖屬一代，仍當分爲幾個時期。比如南北朝，總共不過百六十七年，而南朝有宋齊梁陳四代，北朝有北魏北齊北周三代。若以一姓興亡分，應當分爲四個或三個時期了。然此百六十七年間，社會上實無多大變化：所以我們仍當作爲一個時期研究。其次述五代，五代不過五十二年，有梁唐晉漢周五個朝代。若以一姓興亡分，應當分爲五個時期；然此五十二年間，社會上亦沒有多大變化：所以我們應當作爲一個時期研究。上面是說皇帝換姓而社會不變的。雖然是分，應當合攏來研究。又有皇帝姓氏不換而社會變遷劇烈的，雖然是合，應當分開來研究。

比如有清一代，道咸而後，思想學術政治外交經濟生活，無一不變。不特是清代歷史的大變遷，並且是全部歷史的大變遷。我們盡可以把道咸以前，劃分爲一個時期。道咸以後，另劃爲一個時期。不必拘於成例，以一姓興亡作爲標準，籠統含糊下去。果爾，一定有許多不便利的地方。歷史是不可分的，分期是勉強的。一方面不當太呆板，以一姓興亡作根據，像從前一樣；換一方面，又不當太籠統，粗枝大葉的，分上古中古近世三個時期。比較妥當一點的，還是劃春秋爲一個時期，戰國爲一個時期，兩漢爲一個時期（或分或合均可），三國兩晉南北朝爲一個時期，隋唐爲一個時期，宋遼金元明爲一個時期，清分爲兩個時期。這種分法，全以社會變遷作標準。在一個時期當中，可以看出思想學術政治經濟改換的大勢，比較容易下手，材料亦易搜集。不管時期的長短，橫的方面。各種事實要把它弄清楚。時代的專史，爲全通史的模型。專史做得好，通史就做得好。此種專史，亦可分每人擔任一項，分別做去。

以上講五種專史的概說，以下就要講五種專史如何作法。按照現在這個次序，一種一種的講去。同學中有興趣的，或者有志作史家的，於五種之中，認定一項，自己搜集，自己研究，自己著述，試試看。果能聚得三五十個同志，埋頭用功，只須十年工夫，可以把一部頂好的中國全史做出來。人數多，固然好；若不然，能得一半的同志，甚至於十個同志，亦可以把整部歷史完全做出。我擔任這門功課，就有這種野心。但是能否成功，那就看大家的努力如何了。

分論一　人的專史

第一章　人的專史總說

人的專史，是專以人物作本位所編的專史，大概可分爲五種形式：㈠列傳；㈡年譜；㈢專傳；㈣合傳；㈤人表。

㈠**列傳**　列傳這個名稱，係由正史中採用下來。凡是一部正史，將每時代著名人物羅列許多人，每人給他作一篇傳，所以叫作列傳。列傳的主要目的雖在記敘本人一生的事迹，但是國家大事、政治狀況、社會情形、學術思想，大部分都包括在裏邊。列傳與專傳不同之點：專傳以一部書記載一個人的事迹；列傳以一部書記載許多人的事迹。專傳一篇即是全書；列傳一篇不過全書中很小的一部分。列傳的體裁與名稱，是沿用太史公以來成例，在舊史中極普通，極發達。列傳著法，具詳二十四史，各種體裁，應有盡有。至於其中有些特別技術的應用，下文再講。

㈡**年譜**　這種著作，比較的起得很晚，大致在唐代末年始見發達。現在傳下來的年譜，以韓愈、柳宗元二人的年譜爲最古。年譜與列傳不同之點：列傳敘述一生事迹，可以不依發生的前後，但順著行文之便，或著者注重之點，提上按下，排列自由；年譜敘述一生事迹，完全依照發生前後，一年一年的寫下去，不可有絲毫的改動。章實齋說：「年譜者，一人之史也。」年譜所述，不外一個人歷史的經過。這種體裁，其好處在將生平行事，首尾畢見，鉅細無遺。比如一個政治家的年譜，記載他小時如何，壯年如何，環境如何，功業如何，按年先後，據事直書。一個學者的年譜，記載某年讀什麼書，某年作什麼文，某年從什麼師，某年交什麼友，思想變遷，全可考見。一個發明家的年譜，記載他們如何研究，如何改良，如何萌芽，如何成熟，事功原委，一目了然。無論記載事業的成功，思想的改變，器物的發明，都要年譜體裁，才能詳細明白。所以年譜在人的專史中，位置極爲重要。

㈢**專傳**　專傳亦可以叫作專篇，這個名詞是我杜撰的，尚嫌他不大妥當；因爲沒有好名詞，不妨暫時應用。我所謂專傳，與列傳不同。列傳分列在一部史中；專傳獨立成爲專書。《隋書．經籍志》雜傳一門，著錄二百餘部，其中屬於一人的專傳，如〈曾參傳〉[1]一卷，〈東方朔傳〉八卷，〈毌丘儉記〉三卷之類，亦不下十餘種，可惜都不傳了。現在留傳下來的，要算慧立所著《慈恩三藏法師傳》（即玄奘傳）爲最古，全書有十卷之多。不過我所謂專傳，與從前的專傳，尚微有不同。《隋志》諸傳已經亡失，其體裁如何，今難確指。專就現存的《三藏傳》而論，雖然很詳博，但仍只能認爲粗製品的史料，不能認爲組織完善的專書。大概從前的專傳，不

1 應為〈曾參傳〉。

過一篇長的行狀。——近人著行狀，長至一二萬字的，往往有之。——只能供作列傳的取材，不能算理想的專傳。我的理想專傳，是以一個偉大人物對於時代有特殊關係者爲中心，將周圍關係事實歸納其中；橫的豎的，網羅無遺。比如替一個大文學家作專傳，可以把當時及前後的文學潮流分別說明。此種專傳，其對象雖止一人，而目的不在一人。擇出一時代的代表人物，或一種學問一種藝術的代表人物，爲行文方便起見，用做中心。此種專傳，從前很少。新近有這種專傳出現，大致是受外國傳記的影響，可惜有精采的作品還不多。列傳在歷史中雖不能說全以人物爲主，但有關係的事實很難全納在列傳中。即如作〈諸葛亮專傳〉與作〈諸葛亮列傳〉便不同。作列傳就得把與旁人有關係的事實分割在旁人的傳中講，所以〈魯肅傳〉、〈劉表傳〉、〈劉璋傳〉、〈曹操傳〉、〈張飛傳〉都有諸葛亮的事，不能把所有關係的事都放在〈諸葛亮列傳〉中。若作專傳，那是完全另是一回事；凡有直接關係的，都以諸葛亮爲中心，全數搜集齊來；甚至有間接關係的，如曹操、劉備、呂布的行爲舉止，都要講清楚：然後諸葛亮的一生才能完全明白。作專傳又與作年譜不同。年譜很呆板：一人的事迹全以發生的先後爲敘，不能提前抑後；許多批評的議論，亦難插入；一件事直接或間接的關係，更不能盡量納在年譜中。若作專傳，不必依年代的先後，可全以輕重爲標準，改換異常自由；內容所包，亦比年譜豐富；無論直接間接，無論議論敘事，都可網羅無剩。我們可以說，人的專史以專傳爲最重要。

(四)**合傳**　合傳這種體裁，創自太史公。太史公的合傳，共有三種：

(1)兩人以上，平等敘列。如〈管晏列傳〉、〈屈賈列傳〉，無所謂輕重，亦無所謂主從。

(2)一人爲主，旁人附錄。如〈孟荀列傳〉，標題爲孟子荀卿，而內容所講的有三騶子、田駢、愼到、環淵、接子、墨子、淳于髡、公孫龍、劇子、李悝[2]、尸子、長盧吁子等一二十人，各人詳略不同。此種專以一二人較偉大的人物爲主，此外都是附錄。

(3)許多人平列，無主無從。如〈仲尼弟子列傳〉，七十餘人，差不多都有敘述。如〈儒林列傳〉，西漢傳經的人，亦差不多都有敘述。

在《史記》中，合傳的體裁，有上列三種。後代的正史，合傳體裁，更爲複雜。如《漢書．楚元王傳》有兩卷之多，楚元王交的傳何以會有那樣長？因爲劉向、劉歆都是楚元王幾代的子孫，本身的事情雖少，劉向、劉歆的事情就很多。這種體裁，後來《南北史》運用得極廣。因爲南北朝最講門第，即如江右王、謝，歷朝皆握政權，皇帝儘管掉換而世家綿延不絕；諸王諸謝，父子祖孫，合爲一傳，變成家譜的性質，一家一族的歷史可以由其中看出。此種合傳的方法，爲著歷史的開了許多方便。許多人附見在一個人傳中，因一個重要的而其餘次要的都可記載下去。如〈孟荀列傳〉若不載許多人，那我們頂多只知道孟荀，至於鄒衍的終始五德之說，我們就不曉得了。合傳體裁的長處，就是能夠包括許多夠不上作專傳而有相當的貢獻，可以附見於合傳中的人。其作用不單爲人，而且可以看當時狀況。如〈孟荀列傳〉就可以看出戰國時學術思

2　「悝」原誤作「惺」。

想的複雜情形。此種體裁，章實齋最恭維。可合的人，就把他們合在一起。章氏並主張另用一種「人名別錄」。他所著《湖北通志》屢用此法。敘某一件重要事情，把有關係的人通作一個別錄。比如《嘉定守城傳》[3]把守城時何人任何職分，陣亡的多少，立功的多少，通統列在別錄上。這種可爲合傳體運用得最廣最大的一個例子。又如〈復社名士傳〉，先講復社的來源，次講如何始入湖北，又次調查湖北人列名復社者多少，以縣分之，最後又考明亡以後，殉難者多少，當遺老者多少，出仕清朝者多少。這種亦可爲合傳體運用得最廣最大的一個例子。人物專史應當常用這種體裁。

(五)**人表**　人表的體裁，始創於《漢書．古今人表》；他把古今人物分爲九等，即上上，中上，下上，上中，中中，下中，上下，中下，下下；所發的人並不是漢人，乃漢以前的人，與全書體例不合。這九等的分法，無甚標準，好像學校中考試的成績表一樣無聊。後來史家非難的很多，章實齋則特別的恭維，以爲篇幅極少而應具應見的人皆可詳列無遺。我們看來，單研究漢朝的事迹，此表固無用處；但若援引其例，作爲種種人表，就方便得多。後來《唐書．方鎮表》〈宰相世系表〉，其作法亦很無聊。攻擊的人亦極多，一般讀《唐書》的人看表看得頭痛。但是某人某事，旁的地方看不見的，可在〈方鎮世系表〉中查出，我們認爲是很大的寶貝。章實齋主張擴充《漢書．古今人表》、《唐書．宰相世系表》的用意，作爲種種表；凡人名夠不上見於列

3　《湖北通志檢存稿》原題作《嘉定蘄難傳》。

傳的，可用表的形式列出。「人名別錄」亦即可爲某中的一種。章氏所著幾部志書，人表的運用都很廣。所以人的專史，人表一體，亦很重要。即如講復社始末，材料雖多，用表的方法還少有人做過。若有〈復社人名表〉，則於歷史研究上，方便了許多。又如講晚明流寇，材料亦不少，若有一張〈漢寇人名表〉，把所有流寇姓名，擾亂所及的地方，被剿滅的次第……等等，全用表格列出，豈不大省事而極明白嗎？又如將各史〈儒林傳〉，改成〈儒林人名表〉，或以所治之經分列，或以傳授系統分列，便可以用較少的篇幅記載較多之事實。又如唐代藩鎮之分合興亡，紛亂複雜，讀史雖極勤苦，瞭解不易，若製成簡明的人表，便一目了然。諸如此類，應用可以甚廣。

第二章　人的專史的對象

所謂人的專史的對象，就是講哪類的人我們應該爲他作專史。當然，人物要偉大，做起來才有精采，所以偉大人物是作專史的主要對相。但所謂偉大者，不單指人格的偉大，連關係的偉大，也包在裏頭。例如袁世凱、西太后人格雖無可取，但不能不算是有作專史價值的一個人物。有許多偉大人物可以做某個時代的政治中心，有許多偉大人物可以作某種學問的思想中心，這類人最宜於做大規模的專傳或年譜，把那個時代或那種學術都歸納到他們身上來講。五種人的專史中，人表的對相不成問題，可以隨便點；其餘四種，都最重要。大概說來，應該作專傳或補作列傳的人物，約有七種：

㈠**思想及行爲的關係方面很多，可以作時代或學問中心的，我們應該爲他們作專傳**。有些人，偉大儘管偉大，不過關係方面太少，不能做時代或學問的中心，若替他作專傳就很難做好。譬如文學家的李白、杜甫都很偉大；把杜甫作中心，將唐玄宗、肅宗時代的事實歸納到他身上，這樣的傳，可以作得精采；若把李白作爲中心，要作幾萬字的長傳，要包含許多事實，就很困難。論作品是一回事，論影響又是一回事。杜詩時代關係多，李詩時代關係少。敘述天寶亂離的情形，在杜傳中是正當的背景，在李傳中則成爲多餘的廢話。兩人在詩界，地位相等，而影響大小不同。杜詩有途徑可循，後來學杜的人多，由學杜而分出來的派別亦多。李詩不可捉摸，學李的人少，由學李而分出來的派別更少。所以李白的影響淺，杜甫的影響深。二人同爲偉大，而作傳方法不同。爲李白作列傳，已經不易；爲李白作年譜或專傳，更不可能。反之，爲杜甫作年譜，作專傳，材料比較豐富多了。所以作專傳，一面要找偉大人物；一面在偉大人物中，還要看他的性質關係如何，來決定我們作傳的方法。

㈡**一件事情或一生性格有奇特處，可以影響當時與後來，或影響不大而值得表彰的，我們應該爲他們作專傳**。譬如《史記》有〈魯仲連傳〉，不過因爲魯仲連曾解邯鄲之圍。誠然，以當時時局而論，魯仲連義不帝秦，解圍救趙，不爲無關；但是還沒有多大重要。太史公所以爲他作傳，放在將相文士之間，完全因他的性格俊拔，獨往獨來，談笑卻秦軍，功成不受賞。像這樣特別的性格，特別的行爲，很可以令人佩服感動。又如後《漢書》有〈臧洪傳〉，不過因爲他能爲故友死義。洪與張超但屬戚友，初非君臣。張超爲曹操所滅，洪怨袁紹坐視不救，擁兵抗紹，爲紹所殺。袁紹、張超、臧洪在歷史上俱無重大關係，不過臧洪感恩知己，以身殉難，那種慷慨凜冽的性格，確是有可以令人佩服的地方。再如《漢書．楊王孫傳》，不記楊王孫旁的事情，專記他臨死的時候，主張裸葬：衣衾棺槨，一概不要，還說了許多理由；後來他的兒子覺得父命難從，卻拗不過親友的督責，只得勉強遵辦。他的思想，雖沒有墨子那樣大，然比墨子還走極端，連桐棺三寸都不要，不管旁人聽否，自己首先實行，很可以表示特別思想，特別性格。幾部有名的史書，對於這類特別人，大都非常注意。我們作史，亦應如此。偉大人物之中，加幾個特別人物，好像燕窩魚翅的酒席，須得有些小菜點綴才行。

㈢ **在舊史中沒有記載，或有記載而太過簡略的，我們應當爲他作專傳**。這種人，偉大的亦有，不偉大的亦有。偉大的，旁人知道他，正史上亦曾提到過，但不詳細，我們應當爲他作傳。譬如墨翟是偉大人物，《史記》中沒有他的列傳，僅附見於〈孟荀列傳〉，不過二十幾個字。近人孫仲容根據墨子本書及其他先秦古籍，作〈墨子列傳〉及〈年表〉。這就是一個很好的例。又如荀子是偉大人物，雖有〈孟荀列傳〉，但是太過簡略。清人汪中替他作〈荀子年表〉，胡元儀作〈荀卿子列傳〉。這亦是很好一個例。皆因從前沒有列傳，後人爲他補充；或者從前的傳太簡略，後人爲他改作。這類應該補作或改作之傳，以思想家文學家等爲最多。例如王充、劉知幾、鄭樵……等，在他們現存的著作中，便有很豐富的資料，足供我們作成極體面的專傳。另有許多人，雖沒有什麼特別偉大，但事迹隱沒太甚，不曾有人注意，也該專爲他作傳表彰。例如唐末守瓜洲的義潮，賴有近人羅振玉替他作一篇傳，我們才知道有這麼一位義士名將。又如作《儒林外史》的吳敬梓，前人根本不承認這本書有價值，書的作者更不用說了。近人胡適之才替他作一篇傳出來，我們才認識這個人的文學地位。這些都是很好的例。總之，許多有相當身分的人，不管他著名不著名，不管正史上沒有傳或有傳而太過簡略，我們都應該整篇的補充，或一部分的改作。

㈣**從前史家有時因爲偏見，或者因爲挾嫌，對於一個人的記載，完全不是事實。**我們對於此種被誣的人，應該用辯護的性質，替他重新作傳。歷史上這類人物很多，粗略說起來，可以分下列三種：

⑴完全挾嫌，造事誣蔑。這類事實，史上很多。應該設法辯護。譬如作《後漢書》的范曄，以叛逆罪見殺；在《宋書》及《南史》上的范曄本傳中，句句都是構成他的眞罪狀，後人讀起來，都覺得曄有應死之罪，雖然作得這麼好的一部《後漢書》，可惜文人無行了。這種感想，千餘年來深入人心。直到近代陳澧（蘭甫）在他的《東塾集》裏面作了一篇〈申范〉，大家才知完全沒有這回事。當時造此冤獄，不過由幾位小人構煽；而後此含冤莫雪，則由沈約一流的史家挾嫌爭名，故爲曲筆。陳蘭甫替他做律師，即在本傳中，將前後矛盾的語言，及各方可靠的證據，一一陳列起來，證明他絕無謀反之事。讀了這篇之後，才知道不特范曄的著作令人十分讚美，就是范曄的人格也足令人十分欽佩。又如宋代第一個女文學家，塡詞最有名的李淸照（易

安），在中國史上，找這樣的女文學家，眞不易得。她塡詞的藝術，可以說壓倒一切男子。就讓一步講，亦在當時詞家中算前幾名。她本來始終是《金石錄》的作者趙明誠的夫人，並未改嫁。但因《雲麓漫鈔》載其〈謝綦崇禮啓〉，濫採僞文，說她改嫁張汝舟，與張汝舟不和，打官司，有「猥以桑榆之末影，配茲駔儈之下才」[4]等語，宋代筆記遂紛紛記載此事。後人對於李易安，雖然很稱讚她的詞章，但瞧不起她的品格。到近代俞正燮在他的《癸巳類稿》中有一篇〈易安居士事輯〉，將她所有的著作，皆按年月列出，證明她絕無改嫁之事，又搜羅各方證據，指出改嫁謠言的來歷。我們讀了這篇以後，才知道不特易安的詞章優美，就是她的品節，亦沒有可訾的地方。這類著述，主要工作全在辨別史料之眞僞，而加以精確的判斷。陳、俞二氏所著，便是極好模範。歷史上人物，應該替他們作《洗冤錄》的，實在不少。我們都可以用這種方法做去。

(2)前代史家，或不認識他的價值，或把他的動機看錯了，因此所記的事迹，便有偏頗，不能得其眞相。這類事實，史上亦很多。應該替他改正。譬如提倡新法的王安石，明朝以前的人都把他認爲極惡大罪，幾欲放在奸臣傳內，與蔡京、童貫同列。《宋史》本傳雖沒有編入奸臣一類，但是天下之惡皆歸，把金人破宋的罪名亦放在安石頭上。這不是托克托有意誣蔑他，乃是托克托修《宋史》的時候，不滿意安石的議論在社會上已很普遍了，不必再加議論，所載事迹已多

4　此據俞正燮〈易安居士事輯〉轉引，《雲麓漫鈔》卷十四上句原文作「忍以桑榆之晚節。」

不利於安石，讀者自然覺其可惡。但是我們要知道王安石絕對不是壞人，至少應當如陸象山〈王荊公祠堂記〉所批評，說他的新法，前人目其孳孳爲利，但此種經濟之學，在當時實爲要圖。朱子亦說他「剛愎誠然有之，事情應該做的」。他們對於安石的人格，大體上表示崇敬。但是《宋史》本傳那就完全不同了，所以我們認爲有改作的必要。乾嘉時候蔡元鳳（上翔）作〈王荊公年譜〉專門做這種工作，體裁雖不大對，文章技術亦差，惟極力爲荊公主張公道，這點精神卻很可取。又如秦代開國功臣的李斯，爲二世所殺，斯死不久，秦國亦亡。漢人對於秦人，因爲有取而代之的關係，當然不會說他好。《史記》的〈李斯傳〉，令人讀之不生好感。李斯旁的文章很多，一概不登；只登他的〈諫逐客書〉及〈對二世書〉，總不免有點史家上下其手的色彩。他的學問很好，曾經做過戰國時候第一流學者荀卿的學生；他的功業很大，創定秦代的開國規模；間接又是後代的矩範。漢代開國元勳如蕭何、曹參都不過是些刀筆小吏，因緣時會，說不上學問，更說不上建設。漢代制度，十之八九從秦代學來。後代制度，又大部分從漢代學來。所以李斯是一個大學者，又是頭一個統一時代的宰相，憑他的學問和事功，都算得歷史上的偉大人物，很值得表彰一下。不過遲至現在，史料大都湮沒，只好將舊有資料補充補充。看漢人引用秦人制度的地方有多少，也許可以看出李斯的遺型。總之李斯的價值要從新規定一番，是無疑的。

(3)爲一種陳舊觀念所束縛，戴起著色眼鏡看人，把從前人的地位身分全看錯了。這類事實，史上很多。應該努力洗刷。例如曹操代漢，在歷史上看來，這是力征經營當然的結果，和漢高祖、唐太宗們之得天下實在沒有什麼分別。自從《三國演義》通行後，一般人都當他做奸臣，與王莽、司馬懿同等厭惡。平心而論，曹操與王莽、司馬懿絕然不同。王莽靠外戚的關係，騙得政權；即位之後，百事皆廢。司馬懿爲曹氏顧命大臣，欺人孤兒寡婦，狐媚以取天下。這兩人心地的殘酷，人格的卑汙，哪裏夠得上和曹孟德相提並論？當黃巾、董卓、李傕、郭汜多次大亂之後，漢室快要亡掉；曹孟德最初以忠義討賊，削平群雄。假使爽爽快快做一個開國之君，誰能議其後？只因玩一回挾天子以令諸侯的把戲，竟被後人搽上花臉，換個方面看待。同時的劉備、孫權，事業固然比不上曹操的偉大，人格又何嘗能比曹操高尚？然而曹操竟會變成天下之惡皆歸，豈非朱子《綱目》以後的史家任情褒貶，漸失其實嗎？又如劉裕代晉，其撥亂反正之功，亦不下於曹操。看他以十幾個同志，在京口起義，何等壯烈！滅南燕，滅姚秦，把五胡亂華以後的中原，幾乎全部恢復，功業何等雄偉！把他列在司馬懿、蕭道成中間，看做一丘之貉，能算公平嗎？宋以後的士大夫，對於曹操、劉裕一類人物，特別給他們不好的批評，一面是爲極狹隘極冷酷的君臣之義所束縛，以一節之短處，抹殺全部的長處，一面因爲崇尚玄虛，鄙棄事功，成爲牢不可破的謬見。對於這類思想的矯正，固然是史評家的責任最大，但敘述的史家亦不能不分擔其責。總而言之，凡舊史對於古人價值認識錯誤者，我們都盡該下番工夫去改正他。

㈤ **皇帝的本紀及政治家的列傳，有許多過於簡略，應當從新作過**。因爲所有本紀，在全部二十四史中，都是編年體，作爲提綱挈領的線索，盡是些官樣文章，上面所載的都不過上諭日蝕饑荒進貢任官一類事情。所以讀二十四史的人，對於名臣碩儒，讀他們的列傳，還可以看出一個大概；對於皇帝，讀他們的本紀，反爲看不清楚。皇帝的事往往散見在旁的列傳中，自然不容易得整個的概念了。皇帝中亦有偉大人物，於國體政體上別開一個生面，如像秦始皇、漢高祖、漢武帝、光武魏武帝、漢昭烈帝、吳大帝、北魏孝文帝、北周武帝、唐太宗、宋太祖、元世祖、明太祖、清聖祖、清世宗、清高宗，何止一二十個人，都於一時代有極大的關係。可惜他們的本紀作得模糊影響，整個的人格和氣象完全看不出來。此外有許多大政治家亦然，雖比皇帝的本紀略為好些，但因為作的是列傳，許多有關係的事實不能不割裂到其他有關係的人物的傳中去。即如諸葛武侯的事迹，單看《三國志》的〈諸葛亮列傳〉，看不出他的偉大處來，須得把《蜀志》甚至於全部《三國志》都要讀完，考察他如何行政，如何用人，如何聯吳，如何伐魏，才能瞭解他的才能和人格。這種政治上偉大人物，無論為君為相，很可以從各列傳中把材料勾稽出來，從新給他們一人作一個專傳。

㈥**有許多外國人，不管他到過中國與否，只要與中國文化上政治上有密切關係，都應當替他們作專傳**。譬如釋迦牟尼，他雖然不是中國人，亦沒有到過中國；但是他所創立的佛教在中國思想界占極重要的一部分。為自己研究的便利起見，為世界文化的貢獻起見，都有為他作專傳的必要。又如成吉斯汗，他是元代的祖宗，但是元代未有中國以前的人物，其事實不在中國本部，可以當做外國人看待。他的動作關係全世界，很值得特別研究。可惜《元史》的記載太簡略了，描寫不出他偉大的人格與事功。所以我們對於成吉斯汗，可以說有為他作專傳的義務。此外，如馬可孛羅，意大利人，他的生活大部分在中國，曾作元朝的客卿，他是第一個著書把中國介紹到歐洲去的人，在東西交通史占得重要的位置。我們中國人不能不瞭解他。又如利馬竇、南懷仁、湯若望、龐迪我……諸人，他們在明末清初的時候，到中國來，一面輸入天主教，一面又輸入淺近的科學。歐洲方面，除教會外，很少人注意他們。中國方面，因爲他們在文化上有極大的貢獻，我們就不得不特別重視了。又如大畫家的郎世寧，他的生活大部分在中國，於輸入西洋美術上，功勞很大。他在歐洲美術界只能算第二、三等腳色，在中國美術界就要算西洋畫的開山祖師。歐洲人可以不注重，我們不能不表彰。更如創辦海軍的琅威爾，做中國的官，替中國出力，清季初期海軍由他一手練出，雖然是外國人，功在中國，關於他的資料，亦以中國爲多，西文中尋不出什麼來。這類人物，大大小小，不下一二十個，在外國不重要，沒有作專傳的必要，在中國很重要，非作專傳不可。有現成資料，固然很好；就是難找資料，亦得設法找去。

㈦**近代的人學術事功比較偉大的，應當爲他們作專傳**。明以前的人物，因爲有二十四史，材料還較易找。近代的人物，因爲《清史》未出，找材料反覺困難。現在要爲清朝人作傳，自然要靠家傳行狀和墓誌之類。搜羅此種史料最豐富的，要算《碑傳集》同《國朝耆獻類徵》二書。其中有許多偉大人物，資料豐富，不過仍須經一番別擇的手續。但是有許多偉大人物並此種史料而無之。例如年羹堯，我們雖知他曾做大將軍，但爲雍正所殺害的情形和原因卻很難確實知道。雖爲一時代的重要人物而事迹渺茫若此，豈不可惜！又如章學誠，算得一個大學者了。但是《耆獻類徵》記載他的事，只有兩行，並且把章字誤作張字。像他這樣重要的人物，將來《清史》修成，不見得會有他的列傳，縱有列傳也許把章字誤成張字，亦未可知，或者附在〈文苑傳〉內，簡單的說一兩行也說不定。研究近代的歷史人物，我們很感苦痛，本來應該多知道一點，而資料反而異常缺乏。我們應該盡我們的力量，搜集資料，作一篇，算一篇。尤其是最近的人，一經死去，蓋棺論定，應有好傳述其生平。即如西太后、袁世凱、蔡鍔、孫文都是清末民初極有關係的人，可惜都沒有好傳。此時不做，將來更感困難。此時做，雖不免雜點偏見，然多少尚有其眞實資料可憑。此時不做，往後連這一點資料都沒有了。

如上所述，關係重要的，性情奇怪的，舊史不載的，挾嫌誣蔑的，本紀簡略的，外國的，近代的人物，都有替他作專傳的必要。人物專史的對象，大概有此七種。

說到這兒，還要補充幾句。有許多人雖然偉大奇特，絕對不應作傳。這種人約有兩種：

㈠**帶有神話性的，縱然偉大，不應作傳**。譬如黃帝很偉大，但不見得眞有其人。太史公作〈五帝本紀〉，亦做得恍惚迷離。不過說他「生而神明，弱而能言，幼而徇齊，長而敦敏，成而聰明」。這些話很像詞章家的點綴堆砌，一點不踏實，其餘的傳說，資料儘管豐富，但絕對靠不住。縱不抹殺，亦應懷疑。這種神話人物，不必上古，就是近古也有。譬如達摩，佛教的禪宗奉他爲開山之祖。但是這個人的有無，還是問題。縱有這個人，他的事業究竟到什麼程度，亦令人茫然難以捉摸。無論古人近人，只要帶有神話性，都不應替他作傳。做起來，亦是渺渺茫茫，無從索解。

㈡**資料太缺乏的人，雖然偉大奇特，亦不應當做傳**。比如屈原，人格偉大，但是資料枯窘得很，太史公作〈屈原列傳〉，完全由淮南王安的〈離騷序〉裏面抄出一部分來。傳是應該做的，可惜可信的事迹太少了。戰國時代的資料本來缺乏，又是文學家。旁的書籍記載很少，本身著作可以見生平事迹的亦不多。對這類人，在文學史上講他的地位是應該的，不過只可作很短的小傳，把史傳未載的，付之闕如；有可疑的，作爲筆記，以待商榷。若勉強作篇詳傳，不是徒充篇幅，就是涉及武斷，反而失卻作傳的本意了。又如大畫家吳道子，大詩家韋蘇州，人物都很偉大，史上無傳，按理應該補作。無如吳道子事迹稀少，傳說概不足信；韋蘇州雖有一時豪俠，飲酒殺人的話，不過詩人口吻，有多方面的解釋。這類不作傳似乎不好，勉強作傳又把史學家忠實性失掉了去。這兩種人，有的令人崇拜，有的令人讚賞，有的令人惋惜，本來應該作傳，可惜沒有資料。假使另有新資料發現，那時又當別論。在史料枯窘狀況之下，不能作亦不應作，只好暫時擱下吧。

應該作專傳和不應該作專傳的人，上面既已說了個標準，其餘三種人的專史——年譜，列傳，合傳——也可就此類推，現在不必詳說了。

第三章　作傳的方法

今天所講的作傳方法，偏重列傳方面；但專傳亦可應用。列傳要如何作，我現在沒有想得周到，不能夠提出多少原則來。我是一面養病，一面講演，只能就感想所及，隨便談談，連自己亦不滿意。將來有機會，可再把新想到的原則，隨時添上去。

爲一個人作傳，先要看爲什麼給他做，他値得作傳的價値在哪幾點。想清楚後，再行動筆。若其人方面很少，可只就他的一方面極力描寫：爲政治家作傳，全部精神偏在政治。爲文學家作傳，全部精神偏在文學。若是方面多，就要分別輕重：重的寫得多，輕的寫得少，輕重相等則平均敘述。兩人同作一事，應該合傳的，不必強分。應該分傳的，要看分在何人名下最爲適當。

㈠**爲文學家作傳的方法**　作文學家的傳，第一，要轉錄他本人的代表作品。我們看《史記》、《漢書》各文人傳中，往往記載很長的文章。例如《史記》的〈司馬相如列傳〉就把幾篇賦全給他登上。爲什麼要費去這麼多的篇幅去登作品？何不單稱他的賦作得好，並列舉各賦的篇名？因爲司馬相如所以配稱爲大文學家，就是因那幾篇賦有價値。那幾篇賦，現在《文選》上有，各種選本上亦有，覺得很普遍，並不難得；但是要知道，如果當初正史上沒有記載，也許失去了，我們何從知道他的價値呢？第二，若是不登本人著作，則可轉載旁人對於他的批評。但必擇純客觀的論文，能夠活現其人的全體而非評騭枝節的。譬如《舊唐書》的〈杜甫傳〉，把元微之一篇比較李杜優劣的文章完全登在上面，這是很對的。那篇文章從《詩經》說起，歷漢魏六朝說到唐，把幾千餘年來詩的變遷，以及杜甫在詩界的地位，都寫得異常明白。《新唐書》把那篇文章刪去（旁的還刪了許多零碎事情），自謂事多於前，文省於舊，其實不然。經這一刪，反爲減色。假使沒有《杜工部集》行世，單讀《新唐書．杜甫傳》，我們絕不會知他是這樣偉大的人物。爲文學家作傳的正當法子，應當像太史公一樣，把作品放在本傳中。章學誠就是這樣的主張。這種方法，雖然很難，但是事實上應該如此。爲什麼要給司馬相如、杜甫作傳，就是因爲他們的文學好。不載文章，眞沒有作傳的必要。最好能像《史記・司馬相如列傳》登上幾篇好賦，否則須像《舊唐書・杜甫傳》登上旁人的批評。縱然《杜工部集》失掉了去，我們還可以想見他的作風同他的地位。《舊唐書》登上元微之那篇論文，就是史才超越的地方；《新唐書》把它刪去，就是史識不到的地方。

㈡ **爲政治家作專傳的方法**　作政治家的傳，第一要登載他的奏議同他的著作。若是不登這種文章，我們看不出他的主義。《後漢書》的《王充仲長統王符合傳》，就把他們三人的政論完全給他登上。爲什麼三人要合傳，爲的是學說自成一家，思想頗多吻合。爲什麼要爲他們登載政論，因爲他們三人除了政論以外，旁的沒有什麼可記。范蔚宗認爲《論衡》、《昌言》、《潛夫論》可以代表三家的學說，所以全登上了。《論衡》今尚行世，讀原書然後知道蔚宗所錄尙不完全。但是《昌言》同《潛夫論》，或已喪失，或已殘闕，若無《後漢書》這篇傳，我們就沒有法子知道仲長統和王符有這樣可貴的政見。第二，若是政論家同時又是文學家，而政論比文學重要，與其登他的文章，不如登他的政論。《史記》的〈屈原賈生列傳〉，對於屈原方面，事迹模糊，空論太多，這種借酒杯澆塊壘的文章，實在做的不好，這且勿論。對於賈生方面，專載他的〈鵩鳥賦〉、〈弔屈原賦〉，完全當做一個文學家看待，沒有注意他的政見，未免太粗心了。《漢書》的〈賈生列傳〉就比《史記》作得好，我們看那轉錄的〈陳政事書〉，就可以看出整個的賈誼。像賈誼這樣人，在政治上眼光很大，對封建，對匈奴，對風俗，都有精深的見解。他的〈陳政事書〉，到現在還有價值。太史公沒有替他登出，不是只顧發牢騷，就是見識不到，完全不是作史的體裁。

㈢**爲方面多的政治家作傳的方法** 有許多人方面很多，是大政治家，又是大學者，這種人應當平均敘述。我們平常讀《明史》的〈王守仁傳〉，總覺得不十分好；再與旁人所作〈王守仁傳〉比較一下，就知道《明史》太偏重一方了。《明史》敘陽明的功業，說他偉大，誠然可以當之無愧。但是陽明之所以不朽，尤其因他的學說。萬季野的《明史》原稿，不知道怎麼樣。後來張廷玉、陸隴其一般人，以門戶之見，根本反對陽明思想，所以我們單讀《明史》本傳，看不出他在學術界的地位。最好同邵念魯的《思復堂文集》，《明儒學案》的〈姚江學案〉對照著讀，就可以知道孰優孰劣。《明儒學案》偏重學術，少講政治，固然可以說學案體裁，不得不爾；但是梨洲於旁人的事迹錄得很多，而於陽明特簡，這是他的不好處。因爲陽明方面太多，學問事功都有記載的價值，《學案》把事功太抛棄，差不多成爲一個純粹的學者了。《明史》本傳全講事業，而於學問方面極其簡略，而且有許多不好的暗示，其實失策。若先載陽明學說，然後加以批評，亦未爲不可。但《明史》一筆抹殺，敘學術的話不過全部百分之二三，讓人看去，反不滿意。現存的《王陽明傳》，要算邵念魯作得頂好。平均起來，學問占三分之二，功業占三分之一。述學問的地方，亦能摘出要點，從宋學勃興後學術的變遷，陽明本身的特點，在當時學界的地位，以及末流的傳授，都能寫得出來。最後又用《舊唐書》的方法，錄二篇文章，一篇是申時行請以陽明配祀孔廟的奏摺，一篇是湯斌答陸隴其的一封信。他不必爲陽明辯護而宗旨自然明白。述功業的地方，比《明史》簡切得多，眞可謂事多於前，文省於舊。尤爲精采的，是能寫得出功業成就的原因，及功業關係的重大，又概括，又明瞭。在未敘鏟平南贛匪亂之先，先說明用兵以前的形勢，推論當時假使沒有陽明，恐怕晚明流寇早已起來，等不到泰昌、天啓的時候了。次敘陽明同王瓊（最先賞識陽明的人）的談話，斷定舊兵不能用，非練新兵不可，新兵又要如何的練法。平賊以前，有這兩段話，可以看出事業的關係，及其成功的原因。這種消息，在《明史》本傳，一點沒有痕迹，不過說天天打勝仗而已。又陽明平賊以後，如何撫循地方，維持秩序，以減少作亂的機會，一面用兵，一面講學，此等要事亦惟邵書有之，而《明史》則無。關於平定宸濠一事，雖沒有多大比較，但《明史》繁而無當，不如邵書簡切，這都可以看出史才史識的高低。

㈣**為方面多的學者作傳的方法**　許多大學者有好幾方面，而且各方面都很重要；對於這種人，亦應當平均敘述。譬如清儒記載戴東原的很多，段玉裁作《年譜》，洪榜[5]作〈行狀〉，王昶作〈墓誌銘〉，錢大昕作〈墓志銘〉[6]，阮元作〈儒林傳稿〉，凌廷堪作〈行狀〉[7]，這些都是很了不得的人；我們把他們的作品來比較，可以看出哪一個作得好，如何才能把戴東原整個人格完全寫出。我們看，段玉裁雖是親門生，但《東原年譜》是晚年所作，許多事迹，記不清楚。

5　「榜」原誤作「滂」。下同。
6　錢大昕所作為〈戴先生震傳〉。
7　凌廷堪所作名〈戴東原先生事略狀〉。

王錢阮凌諸人，或者關係很淺，或者相知不深，大半是模糊影響的話。惟有洪榜的〈行狀〉，作得很好。但現在所存的，已經不是原文，被人刪去不少。原文全錄東原〈答彭進士允初書〉，時人皆不謂然，朱筠且力主刪去，東原家人只好刪去了。其實此書自述著《孟子字義疏證》之意，在建設一己哲學的基礎，關係極其重要。洪榜能賞識而餘人不能，這不是藝術的關係，乃是見識的關係。其餘幾家只在聲音訓詁天文算術方面著眼，以爲是東原的絕學。東原的哲學的見解，足以自樹一幟，他們卻不認識，並且認爲東原的弱點。比較上凌廷堪還稍微說了幾句，旁的人一句亦不講。假使東原原文喪失，我們專看王錢段阮諸人著作，根本上就不能瞭解東原了。所以列傳眞不易作，一方面要史識，一方面要史才。欲得篇篇都好，除非個個瞭解。但是無論何人不能如此淵博，要我在《清史》中作〈戴東原傳〉，把他所有著作看完，尙可作得清楚。要我作〈惲南田（大畫家）傳〉，我簡直沒有法子。因爲我對於繪畫一道，完全是外行。想把惲傳做好，至少能夠瞭解南田如像瞭解東原一樣。所以作列傳不可野心太大，篇篇都想作得好；頂好專作一門，學文學的人作文學家的列傳，學哲學的人作哲學家的列傳，再把前人作的拿來比較一下，可以知道爲某種人作傳應該注重哪幾點，做時就不會太偏了。即如〈戴東原傳〉，前兩年北京開戴氏百年紀念會，我曾作過一篇，因爲很匆忙，不算作得好，但可以作爲研究的模範。我那篇傳，就是根據段洪王錢阮凌幾家的作品。因爲敘述平均，至少可以看出東原的眞相以及他在學術界的地位。後來居上，自然比洪榜的〈行狀〉還好一點。不過洪作雖非全璧，亦能看出東原一部分眞相來，已經就很難了。作傳要認清注重之點。不錯，戴東原是一個學者；但是在學問方面，是他的聲音訓詁好呢？還是他的義理之學好？沒有眼光的人一定分辨不出來。我以爲東原方面雖多，義理之學是他的菁萃，不可不講。王錢諸人的著作沒有提到，這是他們失察的地方。

㈤ **爲有關係的兩人作傳的方法**　兩個人同做一件事，一個是主角，一個是配角，應當合傳，不必強分。前面講〈賈生列傳〉，《漢書》比《史記》好。但是〈韓信列傳〉，《漢書》實在不高明。班孟堅另外立一個〈蒯通傳〉，把他游說韓信的話放在裏邊。蒯通本來只是配角，韓信才是主角。韓信的傳，除了蒯通的話，旁的不見精采。蒯通的傳，除了韓信的話，旁的更無可說。《漢書》勉強把他二人分開，配角固然無所附麗，主角亦顯得單調孤獨了。這種眼光，孟堅未始不曾見到，或者因爲他先作〈韓信傳〉，後來才作〈蒯通傳〉，既作〈蒯通傳〉，不得不割裂〈韓信傳〉，這樣一來，便弄得兩面不討好了。兩個人同做一件事，兩人又都有獨立作傳的價值，這種地方，就要看分在何人名下最爲適當。《明史》左光斗同史可法兩個人都有列傳，兩人都有價值。史是左的門生，年輕時很受他的賞識；後來左光斗被魏忠賢所陷，繫在獄中，史可法冒險去看他，他臨死時又再去收他的屍。《明史》把這件事錄在〈史可法傳〉中，戴南山又把這件事錄在〈左光斗傳〉中。分在兩書，並錄無妨。同在一書，不應重見。比較起來，以錄在左《傳》中爲是。史可法人格偉大，不因爲這件事情而加重。左光斗關係較輕，如無此事，不足以見其知人之明。所以在史《傳》中，無大關係；在左《傳》中，可以增加許多光彩。

㈥ **爲許多人作傳的方法**　上次講作專傳以一個偉大人物作中心，許多有關係的人附屬在裡面。不必專傳如此，列傳亦可。因一個主要的，可以見許多次要的。這種作法，《史記》《漢書》都很多。作正史上的列傳，篇數愈少愈好，可以歸納的最好就歸納起來。《史記》的〈項羽本紀〉，前半篇講的項梁，中間講的范增，後半篇才講項羽。自己若是文章技術劣點，分爲三篇傳，三篇都作不好。太史公把他們混合起來，只作一篇，文章又省，事情又很清楚。這種地方，很可取法。還有許多人，不可以不見，可是又沒有獨立作傳的價値，就可以附錄在有關係的大人物傳中。因爲他們本來是配角，但是很可以陪襯主角；沒有配角形容不出主角，寫配角正是寫主角。這種技術，《史記》最是擅長。例如信陵君這樣一個人，胸襟很大，聲名很遠。從正面寫，未嘗不可以，總覺得費力而且不易出色。太史公就用旁敲側擊的方法，用力寫侯生，寫毛公、薛公，都在這些小人物身上著筆，本人反爲很少。因爲如此，信陵君的爲人格外顯得偉大，格外顯得奇特。這種寫法不錄文章不寫功業，專從小處落墨，把大處烘托出來，除卻太史公以外，別的人能夠做到的很少。

第四章　合傳及其作法

合傳這種體裁，在傳記中最爲良好。因爲他是把歷史性質相同的人物，或者互有關係的人物，聚在一處，加以說明，比較單獨敘述一人，更能表示歷史眞相。歐洲方面，最有名最古的這類著作要算布魯達奇的《英雄傳》了。全書都是兩人合傳，每傳以一個希臘人與一個羅馬人對照，彼此各得其半。這部書的組織，雖然有些地方勉強比對，不免呆板。但以比對論列之故，一面可以發揮本國人的長處，亦可針砭本國人的短處。兩兩對照，無主無賓，因此敘述上批評上亦比較公平。中國方面，《史記》中就有許多合傳，翻開目錄細看，可以看出不少的特別意味。《史記》以後，各史中雖亦多有合傳，究竟嫌獨立的傳太多了。若認眞歸併起來，可以將篇目減少一半或三分之一。果然如此，一定更容易讀，更能喚起興味。合傳這種方法，應用得再進步的，要算清代下列的幾家：

(一) **邵廷采（念魯）** 邵氏的《思復堂文集》，雖以文集名書，然其中十之七八都是歷史著作。論其篇幅，並不算多；但每篇可以代表一種意義。其中合傳自然不止一人，專傳亦包括許多人物。如〈王門弟子傳〉、〈劉門弟子傳〉、〈姚江書院傳〉、〈明遺民所知傳〉等篇，體裁均極其優美。全書雖屬散篇，然隱約中自有組織，而且一篇篇都作得很精煉，可以做我們的模範。

(二) **章學誠（實齋）** 章氏的《湖北通志檢存稿》，三十餘篇傳都是合傳，每傳人數自二人以至百餘人不等，皆以其人性質的異同爲分合的標準，皆以一個事迹的集團爲敘述的中心。讀其傳者，同時可知各個人的歷史及一事件的始末，有如同時讀了紀傳體及紀事本末體。雖其所敘只湖北一省的事情，而且只記湖北在正史中無傳的人物，範圍誠然很窄；但是此種體裁可以應用到一時代的歷史上去，亦可應用到全國的歷史上去。

(三) **魏源（默深）** 魏氏的《元史新編》，十幾年前才刻出來。這部書是對於《二十四史》的〈元史〉不滿意而作。《二十四史》中，〈元史〉最壞，想改作的人很多。已成書的，柯劭忞的《新元史》，屠寄的《蒙兀兒史記》，與魏書合而爲三。魏書和柯書、屠書比較，內容優劣如何，我不是元史學專家，不敢妄下斷語。但其體裁，實不失爲革命的。書中列傳標目很少：在武臣方面，合平西域功臣爲一篇，平宋功臣爲第二篇，……又把武功分爲幾個段落，同在某段落立功者合爲一傳。文臣方面，合開國宰相一篇，中葉宰相一篇，末葉宰相一篇，某時代的諫官一篇，曆法同治河的官又是一篇。又把文治分爲幾個時代或幾個種類，同在某時代服官者，或同對於某樣事業有貢獻者，各各合爲一傳。全書列傳不過二三十篇，皆以事的性質歸類。每篇之首，都有總序，與平常作傳先說名號籍貫者不同。我們但看總序，不待細讀全篇，先已得個大概。例如每個大戰役，內中有多少次小戰，每戰形勢如何，誰爲其中主人，開頭便講，然後分別說到各人名下。像這種作法，雖是紀傳體的編制，卻兼有紀事本末體的精神。所傳的人的位置及價值亦都容易看出。

我們常說二十四史有改造的必要，如果眞要改造，據我看來最好用合傳體裁，而且用魏源的《元史新編》那體裁。當初鄭樵作《通志》的時候，原想改造《十七史》，這種勇氣很好；即以內容而論，志的部分亦都作得不錯；可惜傳的部分實在作得不高明，不過把正史列傳各抄一過而已。讀《通志》的人大都不看傳，因爲《通志》的傳根本就和各史原文沒有什麼異同。改造二十四史，別的方法固然很多，在列傳方面只須用魏書體裁，就可耳目一新，看的時候，清楚許多，激發許多。讓一步講，我們縱不說改造二十四史的話，即是作人物的專史，終不能不作傳。作單傳固然可以，不過可合則合，效果更大。

合傳的性質，各人的分類不同。依我看來，可以分為兩大類：第一類，超群絕倫的偉大人物，兩下有比較者，可作合傳。第二類，代表社會一部分現象的普通人物，許多人性質相近者，可作合傳。以下根據這兩類分別細講：

㈠人物或二人或二人以上可以作篇合傳。又可分為四小類：

⑴同時的人，事業性質相同或相反，可合者合之。例如王安石與司馬光時代相同，事業相同，兩人代表兩派，凡讀〈王安石傳〉時不能不參考〈司馬光傳〉；與其分為兩篇，對於時代的背景要重複的講了又講，對於政治的主張有時又不免有所軒輊，何如合為一篇，可以省事，而且搜求事迹亦較公平。再如朱熹與陸九淵，時代相同，性質不同，代表的方面亦相反，作了〈朱傳〉再作〈陸傳〉，一定要犯上面所說的重複和偏見兩種毛病；合在一起，就不至於恭維這個，瞧不起那個了。又如曾國藩與胡林翼，時代相同，事實亦始終合作，單作〈曾傳〉非講胡不可，單作〈胡傳〉非講曾不可，兩人地位相等，不能以曾附胡，亦不能以胡附曾，應該合為一傳，平均敘述。更如李白與杜甫，雖未合作，亦非相反；然同時代，可以代表唐時文學的主要部分；講李時連帶說杜，講杜時連帶說李，兩下陪襯起來，格外的圓滿周到。假使把他們分開，就不免有拖沓割裂的痕迹了。

⑵不同時代的人，事業相同，性質相同，應該合傳。例如漢武帝與唐太宗，時代不同，而所做的多是對外事業，漢族威德的發揚光大，兩人都有功勞；合為一傳，可以得比較其在中國文化上的位置及價值，愈見明瞭。再如曹操與劉裕，時代不同，性質大部分相同：都在大亂之後，

崛起草澤，惟皆未能統一中國，遂令後世史家予以不好的批評；若把他們兩人合在一起，可以省許多筆墨，而行文自見精采，加判斷的時候亦比較的容易公平。又如項羽、李密、陳友諒，時代不同，事業大致相同，都是遭遇強敵，遂致失敗；這種失敗的英雄，可以供我們憑弔的地方很多；合在一塊作傳，情形倍覺可憐。更如苻堅、北魏孝文帝、北周武帝、金世宗、清聖祖，時代不同，事業相同；都是以外國入主中國，努力設法與漢人同化；合為一傳，可以看出這種新民族同化到中國的情形；全部歷史上因為有這幾個人，變遷很大。

(3) 專在局部方面，或同時，或先後，同做一種工作，這類人應當合傳。例如劉知幾、鄭樵、章學誠都在中國歷史哲學上有極大的貢獻；史學觀念的變遷和發明皆與他們有密切關係。三人合在一塊作傳，可以看出淵源的脈絡：前人的意見，後人如何發揮；前人的錯誤，後人如何改正。中國歷史哲學就容易敘述清楚了。又如鳩摩羅什與玄奘，都是翻譯佛經事業的，偉大相若；兩個人代表兩大宗派，一個是三論宗的健將，一個是法相宗的嫡傳；作他們兩人的合傳，可以說明印度佛教宗派的大勢力，中國譯經事業的情形。又如公孫述、劉備、李雄、王建、孟知祥都在四川割據稱雄，只能保守，不能進取；把他們幾人合傳，可以看出四川在中國的地位。前人常說：「天下未亂蜀先亂，天下已治蜀未治」，這個原則，古代如此，直至民國仍然沒有打破。更如陳東與張溥，都是代表一種團體活動的人，兩人性質相同，陳為大學生，張為秀才，一個連合學生干政，一個運動組織民黨；把他們兩個合傳，可以看出地位不高而事業偉大的中國青年，在歷史活動的成績及所以活動的原因。

(4)本國人與外國人性質相同，事業相同，可以作合傳。要作這種傳，不單要研究國學，外史知識亦須豐富。兩兩比較，可以發揮長處，補助短處。例如孔子與蘇格拉底，兩個都是哲學家，一個是中國的聖人，一個是希臘的聖人，都講人倫道德；兩人合爲一傳，可以比較出東西所有人生問題的異同及解決這類問題的方法。再如墨翟與耶穌，兩個都是宗教家，一個生當戰國，一個生於猶太，都講博愛和平崇儉信天；合在一塊作傳，可以看出耶墨兩家異同，並可以研究一盛一衰的緣故。又如屈原與荷馬，兩個都是文學家，一個是東方的文豪，一個是西方的詩聖，事迹都不十分明瞭，各人都有幾種傳說的；把他們合在一起，可以看出古代文學發達的次序，及許多作品附會到一人名下的情形。更如清聖祖、俄大彼得、法路易十四都是大政治家，三人時代相同，性質相同，彼此都有交涉；彼得、路易的國書，清故宮尚有保存；替他們合作一傳，可以代表當時全世界的政治狀況，並可以看出這種雄才大略的君主對內對外的方略。

(二)**代表社會一部分現象的普通人物**　和第一類相反：前者是英俊挺拔的個人，後者是群龍無首的許多人。正史中的儒林、文苑、遊俠、刺客、循吏、獨行等列傳，就爲他們而立。他們在歷史上關係的重要，不下於偉大人物。作這種合傳，是專寫某團體或某階級的情狀；其所注意之點，不在個人的事業而在社會的趨勢；需要立傳與否，因時代而不同。《史記》有〈遊俠傳〉，因爲秦漢之交，朱家、郭解一流人物在社會上有相當的勢力，不可忽視。《後漢書》有〈黨錮傳〉，因爲東漢時候，黨錮爲含有社會性的活動，直接影響到政治。《後漢書》又有〈獨行傳〉，因爲當時個人的高世傑出之行，社會上極其佩服，養成一種風氣。《宋史》有〈道學傳〉，因爲宋代理學發達，爲當時一種特殊現象，於社會方面影響極大。這類人物含有社會性，其中亦有領袖行爲舉止頗多值得注意的地方，然不及全部活動之重要。單注意領袖，不注意二三等腳色，看不出力量，看不出關係，非有群龍無首的合傳不可。我們萬勿以人物不大，事情不多，一個個分開看，無足輕重，便認定其活動爲無意義，值不得占篇幅。須知一個人雖無意義，人多則意義自出；少數的活動效果雖微，全體的活動效果極大。譬如《後漢書·黨錮傳》，要把個人的動作聚合加上，然後全部精神可以表出。單看范滂、張儉所爭，都是硜硜小節；然黨錮共同精神，就在這硜硜小節裏邊。我們若只是發空論，唱高調，一定表現此中眞相不出來的。眞講究作文化史，這類普通人物的事實，比偉大人物的動作意味還要深長。《二十四史》中，這類合傳尙嫌其少，應當加以擴充。又可分爲五項：

⑴凡學術上，宗教上，藝術上，成一宗派者，應當作爲合傳。例如〈姚江王門弟子傳〉、〈蕺山劉門弟子傳〉，邵念魯所著，作得很好，兩家學風可以看出。《宋元學案》、《明儒學案》亦皆如此。前者分派多，歸併少，後者反是。比較起來，還是《明儒學案》好些。（因一是單篇，一是專著之故。）李穆堂的《陸子學譜》亦用合傳體裁。陸門一傳再傳弟子的關係，都在裏面看得很了然，研究亦很方便。再如法相宗、天台宗、禪宗，在佛教史中不必多作，只要幾篇好的合傳，便就夠了。又如南宗畫派、院體畫派，自明以來，分據畫界領域；把一派中重要人物聚集起來，爲作一篇合傳，並不費事，而研究近代繪畫的人，很容易得一種概念。

⑵凡一種團體，於時代有重大關係者，應當爲作合傳。例如宋代的元祐、慶元黨案，不管

他有無具體組織，亦不管他是好是壞，但是當時士大夫都歡喜標立門戶，互相排擠，至其甚則造作黨籍以相陷；但凡他們氣味相投的都可以作爲合傳，以觀其是非得失。再如明代的東林、復社、昆宣閹黨，有的係自立名號，有的敵黨所加，各因其類，結爲團體，以相攻擊，於是宇內騷然，大獄慘動；最好一黨作篇合傳，以觀其政治上影響，並可以考見明亡的原因。又如近代的戊戌維新黨、國民黨、共產黨，其發生雖或先或後，歷史雖或久或暫，組織雖或疏或密，然對於政治方面各有主張，各有活動；應該把他們的分子作幾篇合傳，以說明他們的眞相，判斷他們的功罪，推求他們在政治上社會上的影響。

(3)不標名號，不見組織，純爲當時風氣所鼓盪，無形之中，演成一種團體活動，這類人亦應當爲作合傳。例如晉代的清談，沒有黨，沒有系，更沒有本部支部，但是風氣所尚，都喜歡搖麈尾，發俊語；爲他們作一篇合傳，不特可以看出當時思想的趨勢，並可以看出社會一般的情形。再如宋代的道學，雖沒有標出任何團體，然而派別很多，人人都喜歡講點理氣性命的話；合起來作篇傳，比《宋元學案》稍略，比《宋史．道學傳》稍詳，以看他們的主張及傳授，那就好了。又如明末遺民反抗滿洲，雖沒有團體，但確爲時代精神所寄；單看張煌言、顧炎武等，還看不出全部的民族思想，社會潮流；把大大小小許多人都合起來作傳，他們這種活動的意義及價値立刻就可以看出來了。

(4)某種階級或某種閥閱，在社會上極占勢力者，應當爲作合傳。例如六朝的門第，儼然是一種階級，南朝的王謝郗庾，北朝的崔盧李鄭，代代俱掌握政權，若從《南、北史》中把他們這幾人各作一篇合傳，可知其勢力之偉大；所有重要活動，全是這幾人做的；但是單看〈王導傳〉、〈謝安傳〉，很不容易看出來。再如唐朝的藩鎮，爲一代盛衰的根源，單看安祿山、史思明的列傳，看不出有多少關係；若把大大小小的藩鎮都合起來，說明他們的興亡始末，可以看出在當時專橫的情形，於後世影響的重大。又如晚明流寇，騷動全國，明朝天下就斷送在他們手裏；單看張獻忠、李自成的列傳，還未能看出民間慘苦的全部；把所有流寇都聚集起來，就可以看出他們的凶暴刻毒，並可以看出社會上所受他們的摧殘蹂躪，有些地方眞能夠使我們看了流淚。

(5)社會上一部分人的生活，如有資料，應當搜集起來，爲作合傳。例如藏書家及印書家，單指一人，不能說有多少影響；若把一代（如清代）的藏書家印書家作合傳，可以知道當時書籍的聚散離合；一代文化的發達與衰謝，亦可以看出一斑；這和學術上的關係極爲重大。再如淮揚鹽商，廣東十三行，都是一時的商業中心，可惜資料不易得了；若由口碑及筆記搜集起來，作爲合傳，可以看出這部分的經濟狀況，及國內外商業的變遷。又如妓女及戲子，向來人看不起；但是他們與政治上社會上俱有很大的關係；明末妓女中的柳如是、陳圓圓、顧橫波都是歷史上極好的配角；清末戲子中的程長庚、譚鑫培、梅蘭芳都是受社會的歡迎；爲他們作篇合傳，不特値得而且應該。有許多地方，須靠他們來點綴，說明。

上面第一第二兩類人物，一類之中分爲幾個小類，每一小類舉三四個例來，取便說明，並不是說應該作傳的人物完全在此。我的意思是說，偉大人物單獨作傳，固然可以，但不如兩兩比較，容易公平，而且效果更大。要說明位置價値及關係，亦較簡切省事。至於普通人物，多數的活動，其意味極其深長，有時比偉人還重要些，千萬不要看輕他們。沒有他們，我們看不出社會的眞相，看不出風俗的由來。合傳這種體裁，大概情形如此。

第五章　年譜及其作法

年譜這種著述，比較的起得很遲；最古的年譜，當推宋元豐七年呂大防作的《韓文年譜》、《杜詩年譜》。作年譜的動機，是讀者覺得那些文詩感觸時事的地方太多，作者和社會的背景關係很切；不知時事，不明背景，冒昧去讀詩文，是領會不到作者的精神的：爲自己用功起見，所以作年譜來彌補這種遺憾。不過初次草創的年譜，組織自然不完密，篇幅也非常簡單；拿現在的眼光去看，眞是簡陋的很。

但是自從呂大防那兩部年譜出世以後，南宋學者作年譜的，就漸漸加多了，到明清兩代簡直「附庸蔚爲大國」，在史學界占重要位置。起初不過是學者的專利品，後來各種人物都適用了；起初不過一卷二卷，後來卻增至數十卷了。就中如《阿文成公年譜》有三十四卷，比較呂大防的作品相差就很遠。作年譜的方法，經過許多學者的試驗發明，也一天比一天精密；自從初發生到現在，進步的迅速，不能不使我們驚異。

甲、年譜的種類

年譜的種類可從多方面去分：

㈠**自傳的或他傳的** 本人作自傳，歐洲美洲很多，中國比較的少；但中國也不過近代才不多，古代卻不少。〈太史公自序〉便是司馬遷的自傳；《漢書・敘傳》便是班固的自傳；《論衡・自紀》、《史通・自敘》，便是王充、劉知幾的自傳；《漢書・司馬相如傳》，〈揚雄傳〉所採的本文，便是司馬相如、揚雄的自傳，這可見自傳在中國古代已很發達了。

由自傳到自傳的年譜，勢子自然很順；但自傳的年譜起得很晚，清康熙時孫奇逢恐怕是最早的一個。孫奇逢做得很簡單，只有些大綱領；後來由他的弟子補注，才完成了一部書。同時稍後，黃宗羲也自作一部年譜，可惜毀了，不知內容怎樣。

此外，馮辰作的《李恕谷年譜》前四卷，實際上等於李塨自己作的，也可歸入自傳年譜一類。我們知道李塨是一個躬行實踐的人，對於自己的生活是毫不放鬆的。他平時把他的事迹思想，記在他的《日譜》上面，用來做學問的功夫，和旁人的日記不同。這種《日譜》不但可以供後人仿效，不但很有趣味，而且可使後人知道作者思想的進步，事迹的變遷，毫無遺憾。所以馮辰編《李恕谷年譜》，單把李塨《日譜》刪繁存要，便成功了。這年譜完全保存了《日譜》的眞相，而且經過李塨的手定，簡直是李塨自著似的。（但第五卷是劉調贊續纂的，不是根據李塨的《日譜》，所以又當別論。）

爲研究歷史的方便起見，希望歷史的偉大人物，都能自作《日譜》，讓後人替他作年譜時，可省許多考證的工夫。然而這種希望何時達到呢？在這上，他傳的年譜便越發需要了。

他傳的年譜又可分同時人做的，和異時人做的，二種：

(1)同時人當然是和譜主有關係的人，或兒子，或門人，或朋友親故。這類人做的年譜，和自傳的年譜價值相等。其中最有名的要推《王陽明年譜》，那是許多門人搜輯資料，由錢德洪編著的。他們把王守仁一生，分做數段，一個人擔任搜輯某年到某年的事迹，經過了許多人的努力，很長久的時間；後來有幾個人死了，幸虧王畿、羅洪先幫助錢德洪才做成。這部年譜總算空前的佳著。但後來又經李贄的刪改，添上了許多神話，便不能得王守仁的眞相了。前者在《王文成公全書》內，後者在四部叢刊內，我們須分別看待。

此外，《劉蕺山年譜》最值得我們稱讚，因爲是蕺山的兒子劉汋（伯繩）作的。邵廷采（念魯）謂可以離集別行，不看本集，單看年譜，已能知譜主身世和學問的大概。這類有價值的很多，如李塨的《顏習齋年譜》，李瀚章的《曾文正公年譜》[8]。

(2)異時人作的年譜眞多極了。他們著書的原因，大概因景仰先哲，想徹底瞭解其人的身世學問，所以在千百年後做這種工作。這裏邊最好的要算王懋竑的《朱子年譜》，和同時人做的有

[8] 此譜為黎庶昌編，李瀚章訂。

相等的價值。固然，有許多事情，同時人能看見，而異時人不能看見；卻也有許多事情，異時人可考辨得很清楚，而同時人反爲茫昧的：所以一個人若有幾部年譜，後出的常常勝過先出的。現在姑且不講，留在下節討論。

㈡ **創作的或改作的**　同時人所作的年譜固然是創作；異時人所作的年譜，若是從前沒有人做過，便也是創作。創作的年譜，經過了些時，常有人覺得不滿意，重新改作一部，這便是改作的年譜。改作的大概比創作的好些，只有李贄的《王陽明年譜》是例外。但我們要知道改作是一件不得已的事情，如果沒有特別見地，自然可以不用改作；改作了，也不可埋沒創[9]作者的艱苦。因爲創作者已做好了大間架，改作者不過加以小部分的增訂刪改而已。無論什麼歷史，我們固然不能說只可有創作，不可有改作；但也不能因有了改作的以後，就把創作者的功勞沒了去。

有些人不止一部年譜，甲改作了，乙又改作。如《朱子年譜》有李方子、李默、洪去蕪、王懋竑四種，《顧亭林年譜》有顧衍生、吳映奎、徐松、胡虔、張穆五種，《元遺山年譜》有翁方綱、凌廷堪、張穆三種，《陶淵明年譜》有吳仁杰、王質、丁晏和我作的四種。大概越發晚出，越發好些。

㈢ **附見的或獨立的**　我們如果想作一部某人的年譜，先須打定主意，到底是附在那人文集

9 「創」字原無，代添。

後面呢，還是離集而獨立？附見的要使讀本集的人得著一種方便，獨立的需要使不讀本集的人能夠知道那人身世和學問或事業的大概：主意定了，才可以著手去做。

本來年譜這種書，除了自傳的或同時人做的以外，若在後世而想替前人做，非那人有著述遺下不可。沒有著述或著術不傳的人的年譜，是沒有法子可以做的，除非別人的著述，對於那人的事迹，記載十分詳明才行。所以年譜的體裁不能不有附見和獨立二種。

這二種的異點，只在詳略之間。附見的年譜應該以簡單爲主，注重譜主事迹，少引譜主文章。因爲讀者要想詳細知道譜主的見解和主張，盡可自己向本集去尋找。專傳後面，有時也可附錄年譜或年表；那種年譜也和附見本集的一樣，越簡越好。獨立的年譜卻恰不同，越簡越不好。他的起源，只因本集太繁重或太珍貴了，不是人人所能得見，所能畢讀的；爲免讀者的遺憾起見，把全集的重要見解和主張，和譜主的事迹，摘要編年，使人一目了然。這種全在去取得宜，而且還要在集外廣搜有關係的資料，才可滿足讀者的希望。合起二種來比較，獨立的恰似專傳，附見的恰似列傳；列傳與附見的年譜須簡切，專傳與獨立的年譜須宏博。

㈣**平敘的或考訂的**　倘使譜主的事迹，沒有複雜糾紛的問題，又沒有離奇矛盾的傳說，歷來對於譜主事迹，也沒有起個什麼爭辯，那麼，簡直可以不要費考訂的筆墨；縱使年代的先後不免要費考訂的工夫，但也在未落筆墨之前，不必寫在紙上：這種叫作平敘的年譜。他的重要工作，全在搜羅的豐富，去取的精嚴，敘述的翔實。《王陽明年譜曾文正公年譜》便屬這種。創作的固然可以平敘，改作的也未嘗不可。

翻回來說，要考訂的年譜，正多著呢。約計起來，共有三種：

⑴ 譜主事迹太少，要從各處勾稽的　例如王國維作《太史公繫年考略》，因爲太史公的事迹在《史記》、《漢書》都不能有系統的詳細的記載，所以很費了一番考訂工夫，而且逐件記出考訂的經過，記載的理由來。這是很應該的。因爲不說個清楚，讀者不知某事何以記在某年，便有疑惑了。倘若要作孟子墨子一般人的年譜，這是很好的模範。但做起來卻不容易：孟子在《史記》雖有傳，卻有許多不易解決的問題：如先到齊抑先到梁？主張伐燕，在齊宣王時代抑在齊湣王時代？都是要費力考訂的。墨子的事迹更簡，《史記》只有十餘字，我們應該怎樣去勾稽考訂敘述呢？總說一句，年代久遠，事迹湮沒的人，我們想替他作年譜或年表，是不能不考訂的。

⑵ 舊有的記載把年代全記錯了的　例如陶淵明，《宋史》、昭明太子《晉書》各傳，都說他年六十三，生於晉興寧三年，其實都錯了。我替他作年譜，從他的詩句裏找出好些證據，斷定他年只五十六，生於晉咸安二年。這麼一來，和舊有的年譜全體不同了。舊譜前數年的事，我都移後數年。這種工作，和《太史公繫年考略》稍異。他用的是鉤沉的功夫，我用的是訂訛的功夫。前人做了不少的《陶淵明年譜》，都不曾注意到此。其實無論哪個譜主的生年數一錯，全部年譜都跟著錯了。此外如譜主的行事，著作的先後次序，前人的記載也不免常有錯誤，都值得後人考訂。例如王陽明編《朱子晚年定論》，說那些文章是朱子晚年做的，其後有許多人說他造謠：這實是一大問題。假使朱子的行事及著作的先後，早有好年譜考定了，便不致引起後人的爭辯。專傳列傳都不能做詳細考訂工作；年譜的責任，便更重大了。

(3)舊有的記載故意誣蔑或觀察錯誤的　如《宋史・王安石傳》對於王安石的好處，一點不說，專記壞處，有些不是他的罪惡，也歸在他身上了，因爲作《宋史》的人根本認他是小人。後來蔡上翔作《王荊公年譜》，把《王荊公文集》和北宋各書，關於譜主的資料，都搜輯下來，嚴密的考訂一番，詳細的記述成書。我們看了，才知道作《宋史》的人太偏袒王安石的敵黨了，把王安石許多重要的事迹都刪削了，單看見他的片面，而且還不免有故入人罪的地方。像這種年譜，實有賴於考訂。倘無考訂的功夫，冒昧的依從舊有的記載，那麼，古人含冤莫白的，不知有多少了。但蔡上翔的《王荊公年譜》似乎不免超過了考訂的範圍，有許多替王安石辯護的話，同時寫在考訂的話之後；辯護雖很不錯，卻和考訂的性質有點不同了。

總結上面四種年譜種類說幾句話，就是我們要想作年譜先要打定主意，想作的是哪一種，是創作的呢，還是改作的？是獨立的呢，還是附見的？是平敘的呢，還是考訂的？主意定了，才可以動手。

乙、年譜的體例

接著的便是年譜的體例問題，我們須得講個清楚，使學者知道年譜怎樣作法。

(一)**關於記載時事——譜主的背景**　世上沒有遺世獨立的人，也就沒有不記時事的年譜。偉大的人，常常創造大事業，事業影響到當時人生，當然不能不記在那人的年譜上。就是活動力很小的人，不能創造大事業，而別人新創造的事業，常常影響到他身上，那麼，時事也應占他年譜的一部分。不過譜主的趨向既各不同，年譜記載時事，自然也跟著有詳有簡。詳簡的標準，我們須得說一說。

譬如陳白沙是荒僻小縣的學者（我的鄉先輩），不曾做過教學以外的事業；生平足迹，只到過廣州一次，北京兩次；生的時世又很太平：簡直可以說他和時事沒有直接的關係。倘使替他作年譜，時事當然少記。又如錢竹汀的科名雖然不小，但只做了幾年閒散的京官，並沒有建設什麼功業，到了中年，便致仕回里，教書至死，生的時世也很太平。我們要想把時事多記些上他的年譜，也苦於無法安插。又如白香山的詩，雖很有些記載社會狀況的，生的時世雖很紛亂，但他不曾跑進政局，和時事還沒有直接關係，不過總算受了時事的影響。倘使我們替他作年譜，時事自然可以記載些。像這類純粹的學者、文人，和時代的關係比較的少，替他們作年譜，要記載時事，應該很簡切，假使看見旁人的年譜記時事很詳，也跟樣，那可錯了。

反面說，學者、文人，也有根本拿時代做立腳點的。例如顧亭林，雖然少做政治活動，而他的生涯完全受政治的影響，他的一言一動幾乎都和時代有關係。假使他的年譜不記時事，不但不能瞭解他的全人格和學問，而且不能知道他說的話是什麼意義。從晚明流寇紛起，滿洲人入關得國，到明六王次第滅亡，事事都激動他的心靈，終究成就了他的學問。像這類人雖然沒有做政治活動，他的年譜也應該記載時事，而且須記詳細些。若譜主正是政治家、當軸者，那更不用說，無論是由他創造的事業，或是有影響於他身上的時事，都應該很詳細的記入他的年譜。

有一種文人，和當時的政事有密切的關係。假使他的年譜不記時事，我們竟無法看懂他的著作，認識他的價值，而時事亦即因此湮沒不少。例如一般人稱杜甫的詩爲詩史，常常以史注詩，而不知詩裏便有許多史冊未記的事。又如顧亭林的詩，影響時事的也不少，其中有一首，記鄭成功、張煌言北伐至南京的一事，說張煌言曾與李定國定期出兵，因路遠失期，以致敗走。假使《顧亭林年譜》不記時事，怎麼知道這詩所說何事？即使知道了鄭張北伐的事，不端詳詩句的隱義，也會湮沒了張李相約的軼聞。所以譜主的著作，和年譜對看，常有相資相益之處；而年譜記載時事，也因此益覺重要。

大概替一人作年譜，先須細察其人受了時事的影響多大，其人創造或參與的時事有幾。標準定了，然後記載才可適宜。

曾國藩是咸豐、同治間政局唯一的中心人物，他的年譜記載時事應該很詳細。除了譜主直接做的事情以外，清廷的措施，偏將的勝負，敵方的因應，民心的向背，在在都和譜主有密切的關係，如不一一搜羅敘述，何以見得譜主立功的困難和原因？我們看李瀚章作的《曾文正公年譜》，實在不能滿足我們這種欲望。因爲他只敘譜主本身的命令舉動，只敘清廷指揮擢黜諭旨，其餘一切，只有帶敘，從不專提。使得我們看了，好像從牆隙中觀牆外的爭鬥，不知他們爲什麼有勝有負！雖然篇幅有十二卷之多，實際上還不夠用。倘然有人高興改作，倒是很好的事情；但千萬別忘記舊譜的短處，最要詳盡的搜輯太平天國的一切大事，同時要人的相互關係，把當時的背景寫個明白，才瞭解曾國藩的全體如何。

假如要作李鴻章的年譜，尤其要緊的是要把背景的範圍擴大到世界各強國。因爲李鴻章最初立功，就因利用外交，得了外國的幫助，才和曾國藩打平太平天國。假使不明白各國對太平天國的態度，如何知道他們成功的原因？後來他當了外交的要衝，經過幾次的國際戰爭，締結幾次的國際條約，聲名達於世界。他誠然不善於外交，喪失了國家許多權利；但我們要瞭解他爲什麼失敗？爲什麼事事受制於人？除了明白中國的積弱情形以外，尤其需要明白世界的大勢。因爲十九世紀之末，自然科學發達的結果，生產過剩，歐洲各國都拚命往東方找殖民地和市場，非、澳二洲和亞洲南西北三部，都入了白人的掌握，所以各國的眼光，都集中到中國。那時世界又剛好出了幾個怪傑：德國的俾斯麥、俄國的亞歷山大、日本的明治帝，一個個都運用他們的巨腕和中國交涉，而首當其衝者是李鴻章。假使世界大勢不是如此，李鴻章也許可以做個安分守己的大臣。所以我們要瞭解李鴻章的全體，非明白他的背景不可；而且背景非擴充到世界不可。這種責任，不是專傳的責任，非年譜出來擔負不可。

實際的政治家，在政治上做了許多事業，是功是罪，後人自有種種不同的批評。我們史家不必問他的功罪，只須把他活動的經歷，設施的實況，很詳細而具體的記載下來，便已是盡了我們的責任。譬如王安石變法，同時許多人都攻他的新法要不得，我們不必問誰是誰非，但把新法的內容，和行新法以後的影響；並把王安石用意的誠摯和用人的茫昧，一一翔實的敘述，讀者自然能明白王安石和新法的好壞，不致附和別人的批評。最可笑的是《宋史・王安石傳》：他不能寫出王安石和新法的眞相，只記述些新法的惡果和反對的呼聲，使得後人個個都說王安石的不好。最可嘉的是蔡上翔《王荊公年譜》：他雖然爲的是要替王安石辯護，卻不是專拿空話奉承王安石。他只把從前舊法的種種條文，新法的種種條文，一款一款的分列，使得讀者有個比較。他只把王安石所用的人的行爲，攻擊王安石的人的言論，一件一件的分列，使得讀者明白不是變法的不好，乃是用人的不好。像這樣，才是史家的態度。做政治家的年譜，對於時事的敍述，便應該這樣才對。

上面幾段講的是純粹政治家的年譜作法，此外還有一種政治兼學問，學問兼政治的人，我們若替他做作年譜，對於時事的記載，或許可以簡略點，但須斟酌。譬如王陽明是一個大學者，和時事的關係也不淺。但因爲他的學問的光芒太大，直把功業蓋住了，所以時事較不爲做他的年譜者所重。其實我們爲瞭解他成功的原因起見，固然不能不說明白他的學問；爲瞭解他治學的方法起見，也不能不記清楚他的功業。因爲他的學問就是從功業中得來，而他的功業也從他的學問做出，二者有相互的關係。所以他的年譜，對於當時大事和他自己做出的事業，都得斟酌著錄。

《錢竹汀年譜》，頗能令人滿意。因爲錢竹汀和時事沒有多大關係，所以年譜記時事很簡，自然沒有什麼不對。王懋竑的《朱子年譜》記時事卻太詳細了。朱子雖然做了許多官，但除了彈劾韓侂冑一事之外，沒有做出什麼大事，也沒有受時事的大影響。所以有許多奏疏也實在不必枉費筆墨記載上去，因爲大半是照例，和時局無關係。這種介在可詳可略之間，最須費斟酌；稍爲失中，便不對。

文學家和時勢的關係，有濃有淡。需要依照濃淡來定記時事的詳略，這是年譜學的原則。但有時不依原則，也有別的用處。譬如淩廷堪、張穆的《元遺山年譜》，記載時事很詳，其實元遺山和時事並沒有多大關係，本來不必這樣詳；凌張以為讀元遺山的詩和讀杜甫的詩一樣，非瞭解時事則不能瞭解詩，其實錯了。但從別一方面看，金元之間，正史簡陋的很，凌張以元遺山作中心，從詩句裏鉤出許多湮沉的史料，放在年譜內，雖然不合原則，倒也有一種好處。

不善體會上面說的詳略原則，有時會生出過詳過略的毛病。譬如張爾田的《玉谿生年譜箋注》記載時事極為詳盡，只因他的看法不同。他以為李義山作詩全有寄託，都不是無所為而為，這實不能得我們的贊成。誠然，人們生於亂世，免不了有些身世之感，張氏的看法，也有相當的價值。但是我們細看李義山的詩，實在有許多是純文學的作品，並非有所感觸，有所寄託。張氏的箋注時事，不免有許多穿鑿附會的地方。

我們應該觀察譜主是怎樣的人，和時事有何等的關係，才可以定年譜裏時事的成分和種類。不但須注意多少詳略的調劑，而且須注意大小輕重的敘述。總期恰乎其當，使讀者不嫌繁贅而又無遺憾，那就好了。

㈡**關於記載當時的人**　個人是全社會的一員；個人的行動，不能離社會而獨立。我們要看一個人的價值，不能不注意和他有關係的人。年譜由家譜變成，一般人作年譜，也很注意譜主的家族。家族以外，師友生徒親故都不為作年譜的人所注意。這實在是一般年譜的缺點。比較最好的是馮辰的《李恕谷年譜》。因為他根據的是李恕谷的《日譜》，所以對於李恕谷所交往的人都有記載。我們看了，一面可以知道李恕谷成就學問的原因，一面可以知道顏李學派發展的狀況，實在令人滿意。《曾文正公年譜》可不行。因為曾國藩的關係人太多，作者的眼光只知集中到直接有關係的人，自然不足以見曾國藩的偉大。

翻回來，再看《王陽明年譜》。我們因爲王陽明的學問和他的朋友門生有分不開的關係，所以很想知道那些朋友門生某年生，某年才見王陽明，往後成就如何。錢德洪等作年譜，只把所聞所知的記了一點，卻忽略了大多數，實在令我們失望。王懋竑的《朱子年譜》也是一樣。朱熹到底有多少門生？他所造就的人才後來如何？我們全不能在上面知道。像朱王這類以造就人才爲事業的人，我們替他們作年譜，對於他們的門生屬吏友朋親故，就該特別注意；記載那些人的事迹，愈詳愈好。

尋常的年譜，記載別人的事迹，總是以其與譜主有直接的關係爲主（如詩文的贈答，會面的酬酢）；若無直接的關係，人事雖大，也不入格，其實不對。例如《朱子年譜》記了呂伯恭、張南軒、陸梭山的死，只因朱子作了祭文祭他們。陸象山死在何年，上面便查不出，只因朱子不曾作祭文祭他。作者的觀念以爲和譜主沒有直接的關係，便不應該記；其實年譜的體裁並不應該這樣拘束。張呂二陸都是當時講學的大師，說起和朱子的關係，最密切的還是陸象山。但我們竟不能在《朱子年譜》看到陸象山的死年，這是何等的遺憾！

從年譜的歷史看，明朝以前，記時人較略；清中葉以後漸漸較詳了。張穆的《顧亭林年譜》便是一個例證。王文誥的《蘇東坡年譜》又更好一點，凡蘇詩蘇文所提到的人都有，而且略有考證。近時胡適的《章實齋年譜》，記事固然有些錯誤，記人卻還好。他除了零碎的記了譜主師友的事迹以外，單提出戴震、袁枚、汪中三個可以代表當時思想家的人，來和譜主比較；就在各人卒年，摘述譜主批評各人的話，而再加以批評。批評雖不是年譜的正軌，但可旁襯出譜主在當時的地位，總算年譜的新法門。

老實說，從前作年譜，太過拘束了。譜主文集沒有提起的人，雖曾和譜主交往而不知年份的人，都不曾占得年譜的篇幅。我們現在盡可用三種體裁來調劑：和譜主關係最密切的，可以替他作一篇小傳；和譜主有關係而事迹不多的，可各隨他的性質，匯集分類，作一種人名別錄；姓名可考，事迹無聞，而曾和譜主交際的，可以分別做人名索引。凡是替大學者大政治家作年譜，非有這三種體裁附在後面不可。

好像《史記》作了〈孔子世家〉之後又作〈仲尼弟子列傳〉，列傳後面有許多人都只有姓名而無事迹，但司馬遷不因他們無事迹而滅其姓名。朱熹、王守仁的弟子可考的尚不少，我們從各文集和史書學案裏常常有所發現，若抄輯下來，用上面三種體裁做好，附在他們年譜後面，也可以彌補缺憾不少。

我自己作《朱舜水年譜》，把和朱舜水交往的人都記得很詳細。那些人名，日本人聽得爛熟，中國卻很面生。因爲朱舜水是開創日本近二百年文化的人，當時就已造就人才不少。我們要瞭解他的影響的大，須看他的朋友弟子跟著他活動的情形。雖然那些人的史料很缺乏，但我仍很想努力搜求，預備替他們作些小傳。像朱舜水一類的人，專以造就人才爲目的，雖然所造就的是外國人，但和我們仍有密切的關係，在他年譜記當時人，當然愈詳愈好。

㈢ **關於記載文章** 記載譜主文章的標準，要看年譜體裁是獨立的，還是附見的。附見文集的年譜，不應載文章。獨立成書的年譜，非載重要的文章不可。重要不重要之間，又很成問題。

《王陽明年譜》關於這點，比較令人滿意。因爲他雖在文集中而已預備獨立。有關功業的奏疏，發揮學術的信札，很扼要的採入各年。獨立的年譜很可拿此譜做記載文章的標準。

王懋竑的《朱子年譜》不錄正式的著作，而錄了許多奏疏序跋書札。政治非朱子所長，政治的文章卻太多；學術是朱子所重，學術的文章卻太少。在王懋竑的意思，以爲把學術的文章放在年譜後的〈論學切要語〉中便已夠了，不必多錄。〈論學切要語〉的編法，固然不錯，但沒有注清楚做文的年份，使得讀者不知孰先孰後，看不出思想遷流的狀態，不如把論學的文章放入年譜還更好。《性理大全朱子全集》都依文章的性質分類，沒有先後的次序。王陽明編《朱子晚年定論》，說朱子晚年的見解和陸子一致，已開出以年份的先後看思想的遷流一條大路來。雖然王陽明所認爲朱子晚年的作品，也有些不是晚年的，但大致尚不差。王懋竑攻擊王陽明的不是，卻不曾拿出健全的反證來。《朱子年譜》載的文章雖不少，但還不能詳盡，總算一件缺憾。

記載文章的體例，《顧亭林年譜》最好。整篇的文章並沒有採錄多少，卻在每年敘事既完之後，附載那年所作詩文的篇目。文集沒有，別處已見的遺篇逸文，知道是哪一年的，也紀錄出來。文體既很簡潔，又使讀者得依目錄而知文章的先後，看文集時，有莫大的方便。這種方法，很可仿用。篇目太多，不能分列，各年之下，可另作一表，附在年譜後。

文學家的方面不止一種，作品也不一律，替文學家作年譜的人不應偏取一方面的作品。像《蘇東坡年譜》只載詩文的篇目，沒有一語提到詞，便是不對。作者以爲詞是小道，不應入年譜。其實蘇東坡的作品，詞占第一位，詩文還比不上。即使說詞不如詩文，也應該平等的記載篇目，或摘錄佳篇。現行的《蘇東坡年譜》不記及詞，實在是一大缺點。

曾國藩是事業家，但他的文章也很好。即使他沒有事業，單有文章，也可以入《文苑傳》。我們很希望他的年譜，記載他的文章詩句，或詩文的篇目。現行的《曾文正公年譜》，我嫌他載官樣的文章太多，載信札和別的文章太少。好文章盡多著，如〈李恕谷墓誌銘〉10、〈昭忠祠記〉等，應該多錄，卻未注意。

純文學家的年譜只能錄作品的目錄，不能詳錄作品，最多也只能摘最好的作品記載一二。若錄多了，就變成集子，不是年譜的體裁了。《玉谿生年譜箋注》錄了許多詩篇，作者以為那些詩都和譜主的生活有關，不能不錄全文。結果，名為年譜，實際成了編年體的詩注。就算作得很好，也只是年譜的別裁，不是年譜的正格。有志作年譜的人們，還是審慎點好。

㈣**關於考證** 當然有許多年譜不必要考證，或是子孫替父祖作，或是門生替師長作，親見親聞的事原無多大的疑誤。如王陽明、顏習齋、李恕谷等年譜都屬此類。不過常常有作者和譜主相差的時代太久，不能不費考證的工夫的；又有因前人作的年譜錯了而改作的，也不能不有考證的明文。

10 疑誤，曾國藩集中無此文。

考證的工夫本來是任何年譜所不免的，但有的可以不必寫出考證的明文，只寫出考證的結果便已足。若爲使人明白所以然起見，卻很有寫出考證的明文的必要。所以明文應該擺在什麼地方，很值得我們考慮。

據王懋竑《朱子年譜》的辦法，在年譜之外另作一部《考異》，說明白某事爲什麼擺在某年，兩種傳說，哪種是眞。年譜的正文，並不隔雜一句題外的話，看起來倒很方便。還有一種很普通的辦法，把考證的話附在正文中，或用夾注，或低二格。另有一種辦法，把前人做的年譜原文照抄，遇有錯誤處則加按語說明，好像札記體一樣。張穆對於《元遺山年譜》便是用的第三種。

前面三種辦法，各有好處。第一種，因爲考證之文太多，令人看去，覺得厭倦，所以另成一書，既可備參考，又可省讀年譜者的精神。第二種，可使讀者當時即知某事的異說和去取的由來，免得另看《考異》的麻煩。兩種都可用。大概考證多的，可另作《考異》，不十分多的，可用夾注，或低格的附文。但其中也有點例外。有些年譜，根本就靠考證才成立，無論是創作或改作，他的考證雖很繁雜，也不能不分列在年譜各年之下。如作《孟子年譜》，年代便很難確定。如果要定某事在某年，便不能離本文而另作考異，必同時寫出考證的明文，說明爲什麼如此敘述，才不惹人疑惑，而後本文才可成立。假如孟子先到齊或先到梁的問題，沒有解決，許多事情便不能安插，全部組織便無從成立。經過了考證，把問題解決了，若不把考證隨寫在下，便不能得讀者的信仰。又如我做陶淵明的年譜，把他的年紀縮短，生年移後，和歷來的說法都不同。假使不是考證清楚了，何必要改作？考證清楚了，若不開頭說個明白，讀者誰不丟開不看？像這類自然不能另作考異，亦不能作夾注，只好低二格附在各年本文之後。至於第三種也有他的好處，因爲前人做的不十分錯，原無改作的必要，爲省麻煩起見，隨時發現錯誤，隨時考證一番，加上按語，那便夠了。

大概考證的工夫，年代愈古愈重要。替近代人如曾國藩之類作年譜，用不著多少考證，乃至替清初人如顧炎武之類作年譜，亦不要多有考證，但隨事說明幾句便是。或詳或略之間，隨作者針對事實之大小而決定，本來不拘一格的。

㈤ **關於批評** 本來做歷史的正則，無論哪一門，都應據事直書，不必多下批評；一定要下批評，已是第二流的腳色。譬如作傳，但描寫這個人的眞相，不下一句斷語，而能令讀者自然瞭解這個人地位或價值，那才算是史才。

做傳如此，作年譜也如此。眞是著述名家，都應守此正則。有時爲讀者的方便起見，或對於譜主有特別的看法，批評幾句也不要緊。但一般人每亂用批評，在年譜家比較的還少。現在拿兩部有批評的年譜來講，一是蔡上翔的《王荊公年譜》，一是胡適之的《章實齋年譜》。

與其用自己的批評，不如用前人的批評。年譜家常常如此，但亦不能嚴守此例。蔡上翔引人的話很多，用自己的話尤其多。胡適之有好幾處對舊說下批評。固然各人有各人的見解，但我總覺得不對，而且不是做年譜的正軌。蔡上翔爲的是打官司，替王安石辯護，要駁正舊說的誣衊，也許可邀我們的原諒。但批評的字句應該和本文分開，不該插入紀事的中間。蔡胡都沒有顧及這點，以文章的結構論，很不純粹。如果他們把自己的見解，作成敘文，或作附錄，專門批評譜主的一切，那麼，縱使篇幅多到和年譜相等，也不相妨了。

蔡上翔替王安石辯護的意思固然很好，但是他的作品卻不大高明。他把別人罵王安石的文章錄上了，隨即便大發議論，說別人的不對，這實在不是方法。我以爲最好是詳盡的敘述新法的內容，某年行某法，某年發生什麼影響，某年惹起某人的攻擊，便夠了。自己對於攻擊者的反駁，盡可作爲附錄，不可插入本文。凡是替大學者大政治家作年譜，認爲有做批評的必要時，都應該遵守這個原則。

㈥**關於附錄**　上面講的考證和批評，我都主張放在附錄裏面。其實附錄不止這兩種，凡是不能放進年譜正文的資料，都可占附錄的一部分。

要知道譜主的全體，單從生年敘到死年還不夠。他生前的家況，先世的系統，父母兄弟的行事，……與其旁文斜出，分在各年下，不如在正譜之前，作一個世譜。《王陽明年譜》的〈世德紀〉便是世譜的一種格式。因爲王陽明的父祖都是有名的學者，做官也做到很大，年壽又高，並不是死在王陽明的生前。假使把他們的行事，插入年譜，一定覺得累贅。所以作者抄錄別人替他們作的傳和墓誌銘在一處，作爲年譜的附錄。雖然〈世德紀〉裏面，載了不少非世德的文章，有點名不副實；但這種不把附錄當正文的方法，總是可取。譬如陸象山兄弟都是大學者，互相師友。假使我們作陸象山的年譜，其關於他的兄弟行事，與其插入正文，不如另作小傳放在前面。這種世譜和小傳之類我們也可叫作「譜前」。

譜主死後，一般的年譜，多半就沒有記載了，其實不對。固然有些人死後絕無影響，但無影響的人，我們何必給他作年譜呢？即使說沒有影響吧，也總有門生子侄之類後來做了什麼事，那也總不能擺在年譜正文中。若譜主是政治家，他的政治影響一定不致跟他的生命而停止。若譜主是大學者，他的學風一定不致跟他的生命而衰歇。還有一種人，生前偏和時勢沒有關係，死後若干年卻發生何等的影響。所以如果年譜自譜主死後便無什麼記載，一定看不出譜主的全體，因而貶損年譜本身的價值。錢德洪等似乎很明白這點，他們的《王陽明年譜》在譜主死後還有二卷之多。陽明學派的盛行，全是陽明弟子的努力。陽明的得諡和從祀孔廟，也靠許多友生的懇求。假使年譜不載陽明死後事，如何見得陽明的偉大？《陽明年譜》能稱佳作，這也是一個原因。但他不應仍稱死後事為年譜，應該稱作「譜後」，作為附錄的一種才對。

我們根據這點去看王懋竑的《朱子年譜》，便很不滿意；因為他敘到朱子死年，便停止了；我們要想知道朱子學派的發達，學術的影響，是不可能的。同一理由，假使我們作《釋迦牟尼年譜》，尤其要很用心的作譜後。凡是佛教各派的分化、傳播、變遷、反響，都不妨擇要敘入。不必年年有，不必怕篇幅多。甚至記載到最近，也沒有什麼不可以。

在上面的原則中也似乎有例外。譬如《曾文正年譜》沒有譜後便沒有什麼要緊，因為他的事業，生前都做完了，政治上的設施也沒有極大的影響。縱使有譜後，也不妨簡略些。若作《胡文忠年譜》便不然。因為他和曾文正聯結許多同志，想滅亡太平天國，沒有成功就死了。後來那些同志卒能成他之志。同志的成功，也就是他的成功。所以他的年譜譜後至少要記到克復江寧。

我做《朱舜水年譜》，在他死後還記了若干條，那是萬不可少的。他是明朝的遺臣，一心想驅逐滿清，後半世寄住日本，死在日本。他曾數說過，滿人不出關，他的靈柩不願回中國。他自己製好耐久不朽的靈柩，預備將來可以搬回中國。果然那靈柩的生命比滿清還長，至今尚在日本，假使我們要去搬回來，也算償了他的志願哩！我看清了這點，所以在年譜後，記了太平天國的起滅，和辛亥革命，宣統帝遜位。因爲到了清朝覆滅，朱舜水的志願才算償了。假如這年譜在清朝做，是做不完的。假如年譜沒有譜後，是不能成佳作的。

此外有一種附錄可以稱作「雜事」的，是劉伯繩著《劉蕺山年譜》所創造的，後來焦廷琥的《焦理堂年譜》也仿做。劉伯繩因爲譜主有許多事迹不能以年份，或不知在哪一年，如普通有規則的行事，瑣屑而足顯眞性的言論等，都滙輯做附錄。邵廷采批評他，拿本文記大德敦化的事，附錄記小德川流的事，眞是毫無遺憾。從前的年譜遇著無年可歸的事，不是丟開不錄，便是勉強納在某年；結果，不是隱沒譜主的眞相，便是不合年譜的體裁。劉伯繩卻能打破這種毛病，注意前人所不注意的地方，創造新法來容納譜主的雜事，使得讀者既明白譜主的大體，又瞭解譜主的小節。這種體裁，無論何人的年譜都可適用。

其次，譜主的文章和嘉言懿行也可作附錄。文章言論很簡單的，可以分列各年；很繁多的，可以抄輯做附錄。大學者的文章言論，常常不是年譜所能盡載的，爲求年譜的簡明起見，非別作附錄不可。所以王懋竑在《朱子年譜》之後附了〈朱子論學切要語〉，這種方法可以通用。

張穆做《顧亭林年譜》雖然很好，我們卻看不出顧亭林和旁人不同之處何在，只因他要讀者先看了本集再看年譜，所以沒有附錄譜主的重要文章和言論。其實讀者哪能都看本集，或許時間不夠，或許財力不足，若能單看年譜便瞭解譜主生平，豈不更好？所以爲便利讀者起見，作年譜必附錄譜主的主要文章和言論，尤其是學者的年譜。

批評方面的話，或入本文，或附譜末，均無不可。但爲年譜的簡明起見，自然以作附錄爲好。偉大的人物，每惹起後人的批評，或褒或貶，愈偉大的愈多。如王安石、王守仁死了千數百年，至今還有人批評他們的好歹。倘使批評者確有特殊的見解，或能代表一部分人的意思，我們非附錄他的話不可。因爲若不附錄批評，不但不能看出後人對譜主的感想，而且不足以見譜主的偉大。但有一點不可不注意，千萬不要偏重一方面的批評，單錄褒或單錄貶。

以上講的種種附錄，當然不能說詳盡。作者若明白年譜可多作附錄的原則，盡可創造新的體裁。附錄愈多，年譜愈乾淨。

從前作年譜太呆，單靠本文，想包括一切。前清中葉以後，著述的技術漸漸進步，關於上文講的六種——記載的時事、時人、文章，和考證、批評、附錄——都有新的發明。我們參合前人的發明，再加研究，還可以創造種種的新體例、新方法。

丙、年譜的格式

年譜的格式也得附帶的講一講。司馬遷作年表，本來參照周譜的旁行斜上。周譜今不可見；《史記》年表是有縱橫的格子的。年譜由年表變來；因爲有時一年的事太多，一個格子不夠用，所以才索性不要格子。替古人作年譜，因為事少的緣故，還是用格子好。如孫詒讓作〈墨子年表〉，附在《墨子閒詁》之後；蘇輿作〈董仲舒年表〉，附在《春秋繁露》之前：都帶有年譜的性質。

假使要作《孟子年譜》，因為當時有關係的不止一國，勢不能不用格子。橫格第一層記西曆紀元前幾年或民國紀元前幾年，第二層記孟子幾歲，第三層記孟子直接的活動，第四層以下各層分記鄒魯滕梁齊燕各國和孟子有關的時事，使得讀者一目了然。

假使《杜甫年譜》，最少也要把時事和他的詩和他的活動分占一格，併起年代共有五格。因為杜甫時事，和曾國藩時事不同。曾國藩的活動和時事併成一片，杜甫的活動，只受時事的影響，所以一個的年譜不應分格，一個的應分格。假使《杜甫年譜》不分格，不但讀者看了不清楚，而且體裁上也有喧賓奪主之嫌。

假使我們要改張穆的《顧亭林年譜》成年表的格式，也許可以較清楚些。除了年代以外，一格記時事，一格記直接活動，一格記朋友有關的活動，一格記詩文目錄。因為這四種在這年譜中剛好是同樣的多，併做一起，反為看不清楚。

所以年譜可以分格的人有二種：一種是古代事迹很簡單的人，一種是杜甫、顧炎武、朱之瑜一類關心時事的人。前者不必論，因為他本身不能獨立成一年譜，只好年表似的附在別書裏。後者因為譜主只受了政治的影響，沒有創造政治的事實。倘把時事和他的活動混合，一定兩敗俱傷；倘分開，既可醒讀者的眼目，又可表現譜主受了時事的影響；——這是講年譜分格的格式。

第二種格式就是最通行的年譜正格，作文章似的，一年一年做下去。敘事的體例可分二種，一種是最簡單的平敘體，一種是稍嚴格的綱目體。

平敘體以一年爲單位，第一行頂格，寫某朝某年號某年譜主幾歲，第二行以下都低一格，分段寫譜主的直接活動，時事，詩文目錄。他的好處，在有一事便記一事，沒有取大略小的毛病。

綱目體是《王陽明年譜》首創的，第一行和平敘體相同，第二行也低一格，標一個很大的綱，第三行以下低二格，記這個綱所含的細目。譬如綱記了某月某日宸濠反，目便記宸濠造反的詳情；綱記了是年始揭知行合一之教，目便記知行合一的意義。一事完了，又重新作別事的綱，繼續記別事的目，也分別低一格二格。這種體例有一種困難，到底要多大的事情才可作綱？有綱無目，有目無綱，可以不可以？很要費斟酌。弄的不好，容易專記大事，忽略小事。假使大事小事都有綱有目，又不相稱。但我仍主張用這體，使得讀者較容易清楚；但作者須用心斟酌。

此外假使有一種人，有作年譜的必要，而年代不能確定，無法作很齊整的年譜，就可以做變體的。如司馬遷很値得作年譜，而某年生，有幾十歲，絕對的考不出。只有些事迹還可考知是某年做的，某事在先，某事在後，雖然不能完全知道他的生平，記出來也比沒有較好。王國維的《太史公繫年考略》便是如此。

像司馬遷一類的人很多。文學家如辛棄疾、姜夔都沒有正確完整的遺事。辛棄疾的史料還可勉強考出，對於姜夔可沒有辦法。但是他們的詞集中，有不少的零碎事迹，勾稽出來，也略可推定先後。這種人的年譜，雖然做起來無首無尾，也還可借以看他生平的一部分。所以變體的年譜也不可廢。

還有一種合譜，前人沒有這樣做過。合傳的範圍可以很廣，事業時代都可不必相同，所以前人已經做過很多。年譜若合二人的生平在一書內，最少也要二人的時代相同。我們看，從前有許多人同在一個環境，同做一種事業，與其替他們各作一部年譜，不如併成一部，可以省了許多筆墨，和讀者的精神。譬如王安石、司馬光年紀只差一歲，都是政黨的領袖。皇帝同是這一個，百姓同是這一些，敵國同是金夏，官職同是最高。不過政治上的主張不同，所以一進一退，演成新派舊派之爭。我們若拿他二人作譜主，盡搜兩黨的活動事迹，在一部年譜之內，看了何等明瞭，何等暢快。從前作者不曾想到這種體裁，所以蔡上翔只作《王荊公年譜》，顧棟高只做《司馬溫公年譜》，我們仍舊只能得片面的知識。

凡同在一時代，大家是朋友，講求學術，見解不同，生出數家派別。如南宋的朱熹、陸九淵、張栻、呂祖謙、陳亮等，我們若作一部合譜。一來，可以包括一時的學界情形；二來，公平的敘述，不致有所偏袒；三來，時事時人免得做數次的記載：這是最有趣味，最合方法的事情。

就說不是學術界罷。曾國藩、胡林翼同是從軍事上想滅太平天國的人，雖然一個成功，一個早死，也可以替他們合作年譜。因爲他們的志願相同，環境相同，朋友相同，敵人相同，合作一年譜比分做方便多了。

就說不曾共事，不是朋友罷，也未不可合做年譜。譬如顧炎武、王夫之、黃宗羲、朱之瑜等或曾見面，或未知名，雖然不是親密的朋友，雖然不曾協力做一事，但是不願投降滿清的志願和行事是沒有一個不同的。他們的年紀都是不相上下，都因無力恢復明室，想從學術下手，挽救人心。我們若替他們合作年譜，不但可以省了記載時事的筆墨，而且可以表現當時同一的學風，可以格外的瞭解他們的人格。

上面所舉，朱陸張呂陳一例，曾胡一例，顧王黃朱一例，作起合譜來，最有趣味。他們的事業在歷史上都是最有精采的一頁，所以他們的合譜也是最有精采的年譜。他們的見解相反的足以相成，他們的志願相同的竟能如願，他們的足迹不相接的卻造出同一的學風。百世之下，讀他們的合譜的還可以興起特別的感想，領受莫大的裨益。這樣，合譜的功效比單人的年譜還更高些。——以上講年譜的格式完了。

丁、做年譜的益處

研究歷史的人在沒有做歷史之先，想訓練自己作史的本領，最好是找一二古人的年譜來作。作年譜的好處最少有三種：

第一，我們心裏總有一二古人，值得崇拜或模範的。無論是學者、文人，或政治家，他總有他的成功的原因、經過，和結果。我們想從他的遺文或記他的史籍，在凌亂浩瀚中得親切的瞭解，系統的認識，是不容易的。倘使下一番工夫替他作年譜，那麼，對於他一生的環境、背景、事迹、著作、性情等可以整個的看出，毫無遺憾。從這上，又可以得深微的感動，不知不覺的發揚志氣，向上努力。

第二，作年譜不是很容易的事情，但我們可借來修養做學問的性情，可用來訓練做歷史的方法。我們才一動筆，便有許多複雜的問題跟著，想去解決，不是驟然可了的；解決不了，便覺乾燥無味；稍不耐煩，便丟下不做了。倘使這幾層難關都能夠打通，則精細、忍耐、靈敏、勇敢，諸美德齊歸作者身上；以後做別的學問，也有同樣的成功了。譜主的事迹，不是羅列在一處的，我們必須從許多處去找；找來了，不是都可以用的，我們必須選擇；擇好了，不是都是眞實的，我們必須辨別；辨清了，不是都有年代的，我們必須考證；考定了，不是可以隨便寫上去的，我們必須用簡潔的文字按照法則去敘述。至於無年可考的事迹，言論，怎樣去安排？幫助正譜的圖表，怎樣去製造？譜前應從何時說起？譜後應到何時截止？種種困難，都須想方法解決。倘使不能解決，便作不成年譜；倘使作成了年譜，以後做別的歷史，便容易多了。

第三，年譜和傳不同：做傳不僅需要史學，還要有相當的文章技術；作年譜卻有史學便夠了。因爲年譜分年，上年和下年不必連串；年譜分段，上段和下段不必連串；所以即使作者的文章並不優美，只要通順，便綽綽有餘了。

有志史學的人，請來嘗試嘗試罷！

第六章　專傳的作法

專傳在人物的專史裏是最重要的一部分。歷史所以演成，有二種不同的解釋：一種是人物由環境產生，一種是人類的自由意志創造環境。前人總是說歷史是偉大人物造成，近人總是說偉大人物是環境的胎兒。兩說都有充分的理由而不能完全解釋歷史的成因。我們主張折衷兩說：人物固然不能脫離環境的關係，而歷史也未必不是人類自由意志所創造。歷史上的偉大人物倘使換了一個環境，成就自然不同。無論何時何國的歷史，倘使抽出最主要的人物，不知做成一個什麼樣子。所以我們作史，對於偉大人物的自由意志和當時此地的環境都不可忽略或偏重偏輕。

中國人的中國史由哪些人物造成？因爲抽出他來，中國史立刻變換面目的人，約莫有多少？倘使我們作《中國通史》而用紀傳體作一百篇傳來包括全部歷史，配作一傳的人是哪一百個？我們如要答覆這些問題，不能不有詳細的討論：

南宋鄭樵似乎曾有偉大計畫，以《通志》代替十七史；但是沒有成功；除了二十略以外，看的人便很少了。他爲什麼失敗？只因他太不注意紀傳了。我們翻《通志》的紀傳看看，和十七史的有何分別，哪裏有點別識心裁？讀者怎麼不會「寧習本書，怠窺新錄」？其實我們要做那種事業，並非不可能。只要用新體裁做傳，傳不必多而必須可以代表一部分文化，再做些圖表來輔助，新史一定有很大的價值。

我常常發一種稀奇的思想，主張先把中國全部文化約莫分為三部：

㈠思想及其他學說。

㈡政治及其他事業。

㈢文學及其他藝術。

以這三部包括全部文化，每部找幾十個代表人，每人給他作一篇傳。這些代表須有永久的價值，最少可代表一個時代的一種文化。三部雖分，精神仍要互相照顧。各傳雖分，同類的仍要自成系統。這樣，完全以人物做中心，若做的好，可以包括中國全部文化在一百篇傳內。

這種方法也有缺點，就是恐怕有時找不出代表來：第一，上古的文化幾乎沒有人可以做代表的，因為都是許多人慢慢的開發出來。雖然古史留下不少的神話人物如黃帝、堯、舜、大禹、伊尹等，但都是口說中堆垛出來的，實在並不能代表一部分文化。所以我們要想在上古找幾個人代表某種文化是絕對不可能的。第二，中古以後，常有種種文化是多數人的共業，多數人中沒有一個領袖。譬如《詩經》是周朝許多無名氏的作品，在文化史上極有價值，但我們找不出一個可以做代表的人來。若因孔子曾刪《詩》就舉他做代表，未免太鹵莽。又如《淮南子》是道家思想的結晶，在秦漢文化中占有很重要的位置，但我們也找不出一個人做代表。若說是劉安編輯的書就舉他做代表，也未免不明事理。所以我們對於這種許多人的共業眞是不易敘述。

上段講的缺點，第一種竟不能用人物傳，只好參用文物的專史，作一篇〈上古的文化〉，敘述各種文化的最初狀況。第二種卻可用紀傳史中〈儒林傳文苑傳黨錮傳〉的敘述在一篇合傳；如

《詩經》不知作者姓名，則可分成若干類，即叫他「某類的作者」，合起多類便可成一傳，便可包括此種文化。

我很希望做中國史的人有這種工作——以一百人代表全部文化，以專傳體改造《通志》。試試看，一定有很大的趣味，而且給讀者以最清楚的知識。這種作法並也沒有多大奧妙，只把各部文化都分別歸到百人身上，以一人做一代的中心，同時同類的事情和前後有關的事情都擺在一傳內，一傳常可包括數百年。我們即使不去改造《通志》，單作一部《百傑傳》，也未嘗不可。

說起這種體裁的好處，最少也有二種：第一，譬如哲學書或哲學史，不是專家看來，必難發生趣味。假使不作哲學史而作哲學家傳，把深奧的道理雜在平常的事實中，讀者一定不覺困難而且發生趣味。因為可以同時知道那時的許多事情，和這種哲學怎樣的來歷，發生怎樣的結果，自然能夠感覺哲學和人事的關係，增加不少的常識。哲學如此，旁的方面無不如此。專門人物普通化，專門知識普通化，可以喚起多數讀者研究學問的精神，注重歷史的觀念。

第二，事業都是人做出來的。所以歷史上有許多事體，用年代或地方或性質支配，都有講不通的；若集中到一二人身上，用一條線貫串很散漫的事迹，讀者一定容易理會。譬如鮮卑到中原的種種事實，編年體的《資治通鑑》不能使我們明瞭，《紀事本末》把整個的事團分成數部，也很難提挈鮮卑人全部的趨勢。假使我們拿鮮卑人到中原以後發達到最高時的人物做代表——如魏孝文帝——替他作一篇傳；凡是鮮卑民族最初的狀況，侵入中國的經過，漸漸同化的趨勢，孝文帝同化政策的厲行，以及最後的結果，都一齊搜羅在內，就叫作〈魏孝文帝傳〉；那麼，讀者若還不能得極明瞭的觀念，我便不相信了。

我相信，用這種新的專傳體裁作一百篇傳，盡能包括中國全部文化的歷史。現在姑且把值得我們替他作傳的人開個目錄出來，依文化的性質分爲三部。但憑一時思想所及，自然不免有遺漏或不妥的地方，待將來修補罷！

㈠ **思想家及其他學術家**

⑴ 先秦時代：孔子，墨子，孟子，莊子，荀子，韓非子。

爲什麼沒有老子呢？因爲老子帶神話性太濃，司馬遷已經沒有法子給他作詳確的傳，我們還能夠麼？《老子》這部書在思想史上固然有相當位置，但不知是誰作的，我們只好擺在〈莊子傳〉裏附講，因爲他的思想和莊子相近。這種確是一個方法：書雖重要而未知作者，只好把他的思想歸納到同派之人身上，才不會遺漏。

⑵ 漢代：董仲舒，司馬遷，王充。

西漢的《淮南子》雖是道家最重要的書，但非一人的作品，不能作專傳，或者可以另作〈道家合傳〉，或者可以附這種思想在〈莊子傳〉後。

⑶ 三國兩晉南北朝隋。

這個時代，幾乎沒有偉大的中國思想家。魏王弼的思想似乎有點價值，但他的事迹很少，不夠作傳。隋代的《中說》倘使眞是王通作的，在周隋那種變亂時代有那種思想總算難能可貴。但其中大半是敘王通和隋唐闊人來往的事，闊人都是王通的門生，儼然孔門氣象，其實都不可靠。

假使這種話是王通說的，王通是個卑鄙荒謬的人。假使這種話是王通門人說謊，這部《中說》便根本沒有價值。所以《中說》雖和思想界有點關係而王通還不值得作傳。

(4)北宋：張載，程顥程頤合。

專傳也並不是很呆板的拿一人作主，也可平敘二人，參用合傳的體裁。程顥、程頤是兄弟，有分不開的關係，又不能偏重一人，所以只好平敘。爲什麼北宋又沒有周敦頤呢？周敦頤雖宋儒最推重的人，但他的《太極圖說》是眞是僞，在宋代已成問題，除了《太極圖說》又沒有旁的可講，怎麼能代表一種學派呢？

(5)南宋：朱熹，陸九淵，呂祖謙。

(6)明代：王守仁。

元代只衍宋儒的學說，沒有特出的人才。明代的思想家委實不少，但因爲王守仁太偉大了，前人的思想似乎替他打先鋒，後人的思想都不能出他的範圍，所以明代有他一個人的傳便盡夠包括全部思想界。

(7)清代：顧炎武，黃宗羲，朱之瑜，顏元，戴震，章學誠。

顧黃是清代兩種學風的開山祖師，或分作二傳，或合爲一傳，都可以。朱之瑜的影響雖然不在中國，但以中國人而傳播中國思想到日本，開發日本三百年來的文化，是很值得作專傳的。

——以上列的思想家都是中國土產，若能夠好好的替他們作傳，很可以代表中國土產的思想。雖然各時代的人數有多有少，卻並不是說人多的便是文化程度高，人少的便是文化程度低。

一來呢，略古詳今是歷史上的原則；二來呢，有的時代，思想的派別太複雜了，不是人多不能代表。所以宋清兩代的人數比較的多，是無法可想的。明代雖只王守仁一人，卻已盡夠代表一代，並不是明代的文化比宋清兩代低。

驟然看來，似乎中間有幾個時代，中國沒有一個思想家，其實不然。上面的目錄不過爲敘述的方便起見，先開出土產的思想家來。其實還有重要的部分擺在後面。便是從印度來的佛家思想。當土產思想衰歇的時代，正是佛家思想昌盛的時代，如三國兩晉南北朝隋唐都是。現在可以把那些時代的思想家列在下面：

(1) 南北朝：鳩摩羅什，道安慧遠合。

鳩摩羅什是最初有系統的輸入佛家思想的第一人。從前雖有些人翻譯些佛經，但很雜亂零碎。到了他才能舉嚴格的選擇，完整的介紹。他的門弟子很多，都繼續他的翻譯事業。從此以後，中國人對於佛家思想才能夠有眞實的認識和研究。到了道安、慧遠便能自己拿出心得來，一個在北朝，一個在南朝，又有師生的關係，所以非合傳不可。我們拿鳩摩羅什代表翻譯者，拿道安、慧遠代表創造者，有這二傳可以包括南北朝的佛家思想界。

(2) 隋唐：智顗，玄奘，慧能，澄觀，善道。

這五人中，玄奘完成輸入印度佛家思想的偉業，餘人創造中國的佛家思想。智顗是天台宗的始祖，慧能是禪宗的始祖，澄觀是華嚴宗的始祖，善道是淨土宗的始祖。同樣，玄奘也是法相宗的始祖，不過後來不久就衰歇了。這幾派的思想內容和後來狀況都可在各始祖傳內敘述。

——佛家思想有這八人做代表足以包括全部。在印度時的淵源如何，初入中國時的狀況如何，中國人如何承受，如何消化，如何創造新的，如何分裂爲幾派，一直到現在怎麼樣，都分別歸納在這八人身上，諒必沒有什麼遺憾了。

正式的思想家有上面所列的數十人似已夠了。此外還有許多學術也可依性質分別，拿些人做代表，合作幾篇傳；不過比較的難一些。

(1)經學：鄭玄許愼合。

(2)史學：劉知幾鄭樵合。

爲什麼章學誠不擺在史學家而在思想家呢？因爲他的思想確乎可以自成一派，比史學的建樹還更大，並不是單純的史學家。劉知幾、鄭樵卻不然，除了史學，別無可講；史學界又沒有比得上他倆的人：所以拿他們做史學家的代表。

(3)科學：秦九韶李冶合。沈括郭守敬合。梅文鼎王錫闡合。

(4)考證學：錢大昕王念孫合。

爲什麼戴震不在考證學之列呢？因爲他的思想很重要，和章學誠相同。

——正式的思想界較易舉出代表，各種學術可不容易，尤其是自然科學。這裏所舉的未必都對，將來可以換改。

㈡**政治家及其他事業家**

(1)皇帝：秦始皇，漢武帝，東漢光武帝，魏武帝（曹操）宋武帝合。北魏孝文帝，北周孝文帝附。唐太宗，元太祖，明太祖，明成祖附。清聖祖，清世宗高宗附。

春秋戰國以前的政治不統屬於一尊，頗難以一傳包括，縱使能夠，也不是君主所能代表，況且當時沒有皇帝！漢高祖雖然創立數百年基礎，而政治上的規模完全還是秦始皇這一套，沒有專做一傳的價值。漢武帝卻不同，確是另一個新時代。秦始皇是混一中國舊有民族的人，他是合併域外民族，開拓荒遠土地的人。到了他那時代，中華民族，漲到空前的最高潮，實在值得作一篇傳。東漢光武帝在皇帝中最稀奇，簡直是一個實際的政治家。魏武帝、宋武帝是混爭時代的略有建樹者，北魏孝文帝、北周孝文帝是五胡同化於中國的促成者，唐太宗是擴張中華民族威力的努力者。惟獨宋代沒有特色的皇帝，太祖、太宗、眞宗、仁宗都只有庸德，無甚光彩。元太祖是蒙古民族的怪傑，他伸巨掌橫亙歐亞二洲，開世界空前絕後的局面。明太祖恢復中國，清聖祖等開拓蒙回藏：這些皇帝都可以代表一個時代。

(2)實際的政治家：周公，子產，商鞅，諸葛亮，王安石司馬光合。張居正，曾國藩胡林翼合。李鴻章，孫文，蔡鍔。

周公雖有許多事迹，卻不全眞，有待考證。但割棄疑僞部分，專取眞實部分也可以夠作一篇傳。《尙書》裏有〈大誥〉、〈洛誥〉、〈多士〉、〈多方〉是周公的遺政，《詩經》也有些。《儀禮・周禮》向來認做周公制定的，其實不然。周代開國的規模還可以從《左傳》、《國語》得著些。近來王國維著〈殷周制度論〉，從甲骨文和東周制度推定某種制度是周公制定的，也可供我們取裁。所以周公的傳還可以作，凡殷周以前政治上的設施都可歸併成一篇。

春秋時代很難找個政治家可以代表全部政治的。管仲似乎可以，而《管子》這書所載的政治有許多和《左傳》不同。但那種貴族政治又不能不有專篇敘述，我說與其找管仲做代表，不如找子產更好。因爲子產本身的事迹，《左傳》敘得很明白詳細；他雖然是小國的政治領袖，而和各大小國都有很深的關係，又是當時國際間的外交中心人物，所以我們很可以借他的傳來敘述春秋時代的貴族政治。

從貴族政治到君主專制的政治是中國的一大改變。最初打破貴族政治，創造君主專制的是商鞅。所以商鞅很值得作傳。本來，要說君主專制政治的成功，還屬李斯，似乎應該替李斯作傳。但李斯的政策是跟商鞅走的，時代又和秦始皇相同，所以可把他的事業分給那二篇傳。

漢朝眞寒儉，沒有一個政治家。宰相以下不曾見一個有政治思想或政治事業的人，蕭何、曹參都只配做李斯的長班。好在有二個偉大的皇帝，尤其是光武帝的穩健政治，簡直沒有別的皇帝可以比配得上。

兩晉南北朝隋唐也沒有政治家，王猛可以算一個，而他的政治生命太短，又不能做當時政治的中心。

大概有偉大的皇帝就沒有出色的臣下。譬如房玄齡、杜如晦總算有點設施，卻被唐太宗的光芒蓋住，不能做時代的中心。唐朝一代的政治本來很糟，姚崇、宋璟、斐度、李德裕都算不了什麼。宋朝卻剛好相反，皇帝不行，臣下卻有很鮮明的兩個政黨，兩黨的領袖就是王安石、司馬光，所以我們替王安石、司馬光作合傳，足以包括宋朝的政治。

明代有種特點，思想家只一王守仁，事業家只有一明太祖，政治家只有一張居正。清代前半，有皇帝，無名臣，道光以後，有大臣，無英主。曾國藩打平內亂，李鴻章疊主外交，都可以代表一部分政治。

民國的醞釀、成立、紛亂，沒有幾次和孫文無關係。現在孫文雖死，而他所組織的國民黨仍舊是政治的中心。所以近代政治可以歸納在〈孫文傳〉內。中間有一部分和他無關，可以作〈蔡鍔傳〉來包括。但蔡鍔做時代中心的時期太短，不十分夠。

——上面講的都是關係全局的政治或事業家。此外有些雖不是拿全局活動而後來在政治上有很大影響的，如：鄭成功、張煌言。二人支持晚明殘局，抵抗外來民族，和後來的辛亥革命有密切的關係。我們可以替他們作合傳，包括明清之間的民族競爭。

(3)群衆政治運動的領袖：陳東張溥合。

東漢黨錮是群衆政治運動的嚆矢，但很難舉出代表來，可以放在〈陳東張溥合傳〉前頭。陳東代表宋朝，張溥代表明朝，足以表現數千年群衆的政治運動。

(4)民族向外發展的領袖：張騫班超合。王玄策鄭和合。

張班王都是通西域的，鄭和是下南洋的，關係民族發展甚大。後來無數華僑繁殖國外，東西文化交換無阻，西北拓地數十萬方里，都是受他們的賜。此外，如衛青、霍去病、史萬歲、李靖的戰功本來也值得作傳，不過衛霍可入〈漢武帝傳〉，史李可入〈唐太宗傳〉，無須另作。

㈢文學家及其他藝術家

最古的文學家應推《詩》三百篇的作者，但我們竟不能找出一個作者的姓名來。戰國作〈離騷〉等篇的屈原，確乎是有名的第一個文學家，但他的事迹不多，眞實的尤少。我們爲方便起見，不能不勉強的作篇〈屈原傳〉以歸納上古文學。所以：

⑴文學：戰國：屈原。

漢賦：司馬相如。

三國五言詩：曹植，建安餘六子附。

六朝五言詩：陶潛，謝靈運附。

六朝駢文律詩：庾信，徐陵附。

唐詩：李白，杜甫，高適，王維附。

唐詩文：韓愈柳宗元合。

唐新體詩：白居易。

晚唐近體詩：李商隱，溫庭筠。

五代詞：南唐後主。

北宋詩，文，詞：歐陽修，蘇軾，黃庭堅附。

北宋詞：柳永，秦觀，周邦彥。

北宋女文學家：李清照。

南宋詞：辛棄疾，姜夔合。

元明曲：王實甫，高則誠，湯顯祖合。

元明清小說：施耐庵，曹雪芹。

這不過把某種文學到了最高潮的那個人列出表來。作傳的時候能不能代表那種文學的全部，尙不可知。臨時或增或改，不必一定遵守這個目錄。

⑵ 藝術家

藝術家很重要，但很難作傳。因爲文學家遺留了著作或文集可以供給我們的資料，藝術家的作品常常散亡，不能供給我們以資料。這是一層。某種藝術的最高潮固然容易找出，但最高潮的那個人未必就能代表那種藝術。這是二層。藝術的派別最繁雜，非對於各種藝術都有很深的研究便不能分析得清楚。這是三層。因此，有許多藝術家幾乎不能作傳，能夠作傳的也不能獨占一專傳以代表一種藝術。到了這裏，普通的史家差不多不敢動手，一人的專傳差不多不合體裁。大約要對於藝術很擅場的人，把各個藝術家的作品、事迹，研究得很清楚，以科學的史家的眼光，文學家的手腕，挑剔幾十個出色的藝術家，依其類別，作兩篇合傳，才可以把藝術界的歷史描寫明白。這樣，也是很有趣味的事情，但作者非內行不可。

上面講的思想家、政治家、文學家三大類都是挑剔幾十個第一流人物來作傳。此外還有許多第二流的，經學家、史學家、理學家、科學家、文學家、醫學家、繪畫家、雕刻家和工藝的創作者，因其不十分偉大的緣故，不能專占一傳；因其派別不統屬於任何人的緣故，不能附入某傳。

專傳之技術，至此幾窮。但我們不妨採用紀傳史的《儒林傳》、《文苑傳》、《方技傳》的體裁，搜羅同類的人合成一傳，以補專傳的缺憾。

像這樣，以幾十篇專傳做主，輔以幾十篇合傳，去改造鄭樵的《通志》，或作成《中國百傑傳》，可以比別的體裁都較好。但做得不精嚴時，也許比《通志》還糟。這個全看做者的天才和努力。

接著，本來想把專傳的作法拈出幾個原則來講，卻很不容易。現在倒回來，先講我多年想作的幾篇傳如何作法，然後也許可以抽出原則來。那幾篇傳的目錄如下：

㈠《孔子傳》。
㈡《玄奘傳》。
㈢《王安石傳》，司馬光附。（以下四傳略而未講）
㈣《蘇軾傳》。
㈤《王守仁傳》。
㈥《清聖祖傳》。

這幾篇的作法各有特點，講出來很可給大家一個榜樣。現在依照次序，先講《孔子專傳》的作法：

甲、《孔子傳》的作法

孔子是中國文化唯一的代表，應有極詳極眞的傳，這是不用說的。但我們要作《孔子專傳》，比做什麼都難。歐洲方面，有法人Renan作了一本《耶穌基督傳》，竟使歐洲思想發生極大影響而糾正了許多謬誤的思想。中國現在極需要這樣一篇《孔子傳》，也可以發生同樣效果。

許多人的傳，很難於找資料；孔子傳卻嫌資料太多，哪方面都有。古代人物稍出色點，便有許多神話附在他身上。中國人物沒有再比孔子大的，所以孔子的神話也特別的多。

做《孔子傳》的頭一步是別擇資料。資料可分二部：一部分是孔子一身行事，平常每日的生活，屬於行的方面的。一部分是孔子的學說，屬於言的方面的。二部都要很嚴格的別擇；因爲都有神話，都有僞迹。

孔子一身所經的歷史，最可信的似乎是《史記‧孔子世家》，不過細細看來，到底有十分之一可信否，尙是疑問。另外，《孔子家語》全記孔子，但是魏晉間僞書。其中採取漢以前的書不少，似乎雖是僞書，不無可取。不過孔子死後不數年便已有種種神話，所以漢以前的書已採神話當實事。若認眞替孔子作傳，可以做底本的〈孔子世家〉、《孔子家語》都不可靠。所以關於孔子行的方面的資料的別擇很難。

採取資料的原則，與其貪多而失眞，不如極謹嚴，眞可信才信，無處不用懷疑的態度。清崔述著《洙泗考信錄》，把關於孔子的神話和僞迹都一一的剔開，只保留眞實可靠的數十事。雖然未免太謹嚴，或致遺漏眞迹，但我們應當如此。只要眼光鋭利，眞迹被摒的一定少，僞迹混眞的一定可以被摒。

崔述採取資料，專以《論語》爲標準，《左傳》、《孟子》有關於孔子的話也相當的擇用。這種態度，大體很對。但一方面嫌他的範圍太窄，一方面又嫌太寬了。怎麼說他太窄呢？因爲《論語》以記言爲主，很少記事，就是〈鄉黨〉篇多記了點事，也只是日常行事，不是一生經過。像崔述那樣，專靠《論語》，不採他書，實在太缺乏資料了。這種地方，本來也很困難，放寬點範圍便會闖亂子，所以崔述寧可縮小範圍。譬如《論語》以外，兩部《禮記》也記了孔子許多事，到底哪一種可採，哪一種不可採，各人有各人的看法。崔述既然以《論語》做標準，看見和《論語》相同或不背謬的便採用，否則完全不要。這樣，不免有些眞事沒有採用。又如《孟子》那部書關於孔子的話，是否可以和《論語》一樣看待，還是問題。孔子死後百餘年而孟子生，又數十年而荀子生。論理，孟子、荀子同是孔門大師，同是孔子後學，二人相隔年代並不遠，所說的話應該同樣的看待。崔述看重《孟子》，看輕《荀子》，《洙泗考信錄》取《孟》而棄《荀》，未免主觀太重罷。即使以《論語》爲標準，也應該同等的看待《論語》以外的書如《孟子》、《荀子》、《禮記》等，才不致有範圍太狹窄的毛病。

爲什麼說崔述採取資料的範圍太寬呢？譬如他以《論語》爲主，而《論語》本身便已有許多地方不可輕信。他自己亦說過《論語》後五篇很靠不住。但是他對於五篇以外諸篇和《左傳》、《孟子》等書常常用自己的意見採取，凡說孔子好的都不放棄，也未免有危險。固然有許多故意誣蔑孔子的話應該排斥，但也有許多故意恭維孔子，誇張孔子的話，常常因爲投合大家的心理而被相信是千眞萬確，這種，我們應該很鄭重的別擇。若有了一種成見，以爲孔子一定是如此的人，絕不致那樣，某書說他那樣，所以某書不足信，這就是範圍太寬的毛病。

現在舉三個例，證明有許多資料不可靠。譬如《論語》說：「公山不狃以費叛，召，子欲往。子路不說，……子曰：『夫召我者，而豈徒哉？如有用我者，吾其爲東周乎！』」從前都很相信孔子眞有這回事。其實公山不狃，不過一個縣令，他所以反叛，正因孔子要打倒軍閥。孔子那時正作司寇，立刻派兵平賊，哪裏會丟了現任司法總長不作，去跟縣令造反，還說什麼「吾其爲東周？」又如《論語．陽貨》篇說「佛肸召，子欲往。……」佛肸以中牟叛趙襄子是孔子死後五年的事，孔子如何能夠欲往？又如《論語．季氏》篇說「季氏將伐顓臾，冉有、子路問於孔子。……」[11]子路作季氏宰是孔子作司寇時事，冉有作季氏宰是孔子晚年自衛返魯時事，如何會同時仕於季氏？這三例都是崔述考出來的。可見我們別擇資料應該極端愼重，與其豐富，不如簡潔。

但是別擇以後，眞的要了，僞的如何處置呢？難道只圖傳文的乾淨，不要的便丟開不管嗎？如果丟開不管，最少有二種惡果：一、可以使貪多務博的人又撿起我們不要的資料當做寶貝；

---

11 「冉有」句，《論語．季氏》原文作「冉有季路見於孔子」。

二、可以使相傳的神話漸漸湮沒，因而缺少一種可以考見當時社會心理或狀態的資料。所以我以為作完《孔子傳》以後，應當另作〈附錄〉。〈附錄〉也不是全收被摒的資料，只把神話分成若干類，每類各舉若干例，列個目錄，推究他的來歷。這樣，一面可以使一般人知道哪些材料不可靠，一面又可以推測造神話者的心理，追尋當時社會的心理。

許多神話的一種是戰國政客造的。那些縱橫游說之士全為自己個人權利地位著想，朝秦暮楚，無所不至。孟子時代已有那種風氣，後來更甚。他們因為自己的行為不足以見信於世，想借一個古人做擋箭牌，所以造出些和他們行為相同的故事來。如《漢書．儒林傳》說「孔子奸七十餘君」[12]。《論語》說「公山不狃召」、「佛肸召」，都是這類。這對於孔子的人格和幾千年的人心都很有關係。從來替孔子辯護的人枉費了不少的心思，勉強去解釋；攻擊孔子的人集矢到這點，說孔子很卑鄙；其實哪裏有這回事呢？完全是縱橫家弄的把戲。

孔子神話的另一種是法家造出來的。法家刻薄寡恩，閉塞民智，因恐有人反對，所以造出孔子殺少正卯一類的故事來。〈孔子世家〉說，「孔子行攝相事，誅魯大夫亂政者少正卯。」[13]《孔子家語》說，少正卯的罪名是「心逆而險，行僻而堅，言僞而辯，記醜而博，順非而

12 據《漢書．儒林傳》，「孔子」與「奸七十餘君」之間有刪略。
13 據《史記．孔子世家》，「孔子」與「行攝相事」以及「誅魯大夫」句之間均有刪略。

飭。」14其實孔子攝相是夾谷會齊時做定公的賓相，並不是後人所謂宰相，並沒有殺大夫的權限。況且孔子殺少正卯的罪名，和太公殺華士、子產殺史何，完全一樣：這種故事，不是法家拿來做擋箭牌，預備別人攻擊他們刻薄時，說一聲「太公、子產、孔子都已如此」，還是什麼呢？

從戰國末年到漢代，許多學者不做身心修養的功夫，專做些很瑣屑的訓詁考證，要想一般人看重他們這派學問，不能不借重孔子。於是又有一種神話出現，這已是第三種了。他們因爲《論語》有「大哉孔子，博學而無所成名」的話，就造出許多孔子博學的故事。後來有一種荒謬的觀念，說「一物不知，儒者之恥。」全因誤信孔子神話的緣故。譬如《國語》說，「吳伐越，墮會稽，獲骨焉，節專車」，本不足怪，也許那時發現了古代獸骨，但孔子絕不會知道是什麼骨，因爲他不是考古家。那上面卻說孔子知道是防風氏的骨，當大禹大會諸侯於會稽時，防風氏後至，大禹把他殺了。另外還有一部書說，孔子和顏回登泰山，遠望閶門，比賽眼力；顏回看了半天，才認清那裏有一個人；孔子卻一看就知道那人還騎了馬；二人下山，顏回精神委靡，頭髮頓白，不久便死了，孔子卻沒有什麼。這一大段絕對非科學的話，也絕對非孔子的學風，自然是後來一般以博爲貴的人所造的謠言，故意附在孔子身上。諸如此類，尚不止只有這三例，我們非辨清不可。

14 此五句前分別略去「一曰」、「二曰」、「三曰」、「四曰」、「五曰」。

因此，我主張，作《孔子傳》，在正文以外，應作〈附錄〉或〈考異〉，〈考異〉還不很對，以〈附錄〉爲最合宜。我們把上面這類神話搜集起來，分部研究，辨別他從何產生，說明他不是孔子眞相；剩下那眞的部分放進傳裏，那就可貴了。

神話撇開了，還有孔子學說的眞相要想求得全眞，好好的敘述出來，也實在困難。工作的時候，應分二種步驟：

㈠揀取可入傳文的資料；

㈡整齊那些資料，分出條理來。

關於第一項，頭一步，就是《六經》（即《六藝》）和孔子有無關係，要不要入傳。自漢以來，都稱孔子刪《詩》、《書》，定《禮》、《樂》，贊《易》，作《春秋》。內中贊《易》及作《春秋》尤爲要緊，因爲這二種帶的哲學尤重。《詩》和《書》，我不相信孔子刪過，縱有關係也不大。《儀禮》，絕不是周公制定的，許有一部分是通行的，經孔子的審定，另一部分是孔子著作。《樂》，沒有書了，也許當時是譜，和孔子卻有密切的關係。《論語》：「子曰：吾自衛返魯，然後樂正」，樂是孔子正定的可知。《史記》：「《詩》三百篇，孔子皆弦而歌之。」[15]從前的詩，一部分能歌，一部分不能，到孔子「皆弦而歌之」，就是造了樂譜，援

15 《史記・孔子世家》原文作「《詩》……三百五篇，孔子皆弦歌之」。

詩入樂。《論語》，「子於是日哭，則不歌」，那麼孔子不哭這天一定要歌了：「子與人歌而善，必使反之，而後和之」，別人唱的好，他老先生還要他再來一次，還要和唱，可見興趣之濃了。從這類地方看來，大概孔子和《樂》確有關係。《易》，關係尤深，其中講哲理的地方很多。卦辭爻辭發生在孔子以前，不必講；《說卦》、《雜卦》、《序卦》，後人考定不是孔子作的；《彖》、《象》，大家都說是孔子作的，無人否認；剩下的《繫辭》、《文言》，或全是孔子或一部分是孔子作。假使《易》內這二種全是孔子所作，那麼大的範圍，應占孔子傳料的第一部，《論語》倒要退居第二部；但是我個人看來，這樣很不妥當。《繫辭》、《文言》說話太不直率，輾轉敷陳，連篇累牘，不如《論語》的質樸，最早當在孔子孟子之間，大概是孔門後學所述。我們要作《孔子傳》，不能不下斷語。《繫辭》、《文言》，裏面很多「子曰」。假如有「子曰」的是孔子說的，沒有「子曰」的又是誰作的呢？假如有「子曰」的也不是孔子說的，那又是何人作的呢？我個人主張，那都是孔門後學所述。剩下的《春秋》，司馬遷、董仲舒都很注意，以爲孔子有微言大義在裏面。孔子講內聖外王之道，《易》講內聖，《春秋》講外王，他自己也說「其義則丘竊取之矣」。《春秋》的義到底是什麼東西？後來解義的《公羊傳》、《穀梁傳》、《左氏傳》、《春秋繁露》到底哪書可信？或都可信？可信的程度有多少？很是問題。宋王安石卻一味抹殺，說《春秋》是斷爛朝報，和今日的《政府公報》一樣，沒什麼意義，這且不管。《左氏傳》晚出，最少，解《春秋》這部分是後來添上去的。《公羊傳》、《穀梁傳》大同小異，經師說是全由孔子口授下來的，爲什麼又有大同小異呢？所以這些微言大義是否眞是孔子傳出，還是董仲舒、何休等造謠，都是問題。縱使不是他們造謠，而他們自己也說是口口相傳，到西漢中葉才寫出文字的，那麼有沒有錯誤呢，有沒有加添呢，我們相信他到什麼程度呢？——關於這些問題（作《孔子傳》選取《六經》的問題），各人觀察不同，所取的問題，必各不同。一種人相信《繫辭》、《文言》、《左傳》、《公羊傳》、《穀梁傳》都和孔子沒有關係，只有《論語》的大部分可信，其餘一概抹殺，這是崔東壁的態度，未免太窄了些。還有一種人不管「牛溲馬渤，敗鼓之皮」，凡是相傳是和孔子有關的書都相信，這自然太濫了，不應該。若是我作《孔子傳》，認《易》的《彖》、《象》是孔子作的，《繫辭》、《文言》是孔門後學作的；認《春秋》的《公羊傳》有一部分是孔家所有，一部分是後儒所加。如何辨別，也無標準，只好憑忠實的主觀武斷；認《詩》、《書》是孔子教人的課本；認《禮》、《樂》同孔子有密切的關係：孔子和六經的關係既已確定，就可分別擇取入傳了。

《六經》以外，有許多傳記，我們拿什麼做標準去揀取傳料呢？我以爲《論語》的前十篇乃至前十五篇是揀料的標準，其餘各書關於孔子的記載沒有衝突的可取，有的不取，這最可靠。《論語》以外，《孟子》、《荀子》、《繫辭》、《文言》有許多「子曰」，「子曰」以下的話，完全可認爲孔子說的。但若依孫星衍的話，那些「子曰」以下的文章互相矛盾的地方也很多，到底是孔子所講，還是孔門所講，很難確定，只好拿《論語》前十五篇做標準去測量。所以凡是各種傳記關於孔子的記載都要分等第。崔東壁把《論語》也分成三等，前十篇第一，中五篇第二，後五篇第三，第四等才是《繫辭》、《文言》，這是很對的。

《禮記》也有很充分的資料可入《孔子傳》，我們可錄下來，細心審查，哪章哪句同《論語》相同相近，哪章哪句和論語不同相遠，這樣可以互相發明，可以得眞確傳料。據我看，《禮記》裏「子曰」以下的話，可以和無「子曰」的話同樣看待，《繫辭》、《文言》裏「子曰」以下的話亦是一樣，都是孔門後學所追述，儒家哲學所衍出，也許孔子的確說過這種話，後儒由簡衍繁，或以己意解釋，若說的和孔子本意不甚相遠，雖然不是孔子親口所說的，最少也可認爲孔子學派的主張。同樣的例證，佛家對於佛說也常常和《禮記》、《繫辭》的「子曰」一樣，《大藏》六千卷中有五千卷都說「如是我聞佛說」，那不必一定都是佛說的。佛家有一句話，「依法不依人」。眞是釋迦牟尼說的話固須相信；就是佛門弟子或後人說的，而又不曾違背佛說，也可相信。我們對於儒家的態度亦應如此。《繫辭》、《文言》、《孟子》、《荀子》、《禮記》乃至《莊子》等書，引孔子，解孔子，都是孔子學說的資料。我們可以拿來分別等第，什麼是基本的，什麼是補充的，補充的以不違背基本的爲主。

關於《孔子傳》的第一問題——揀取可入傳文的資料的問題——上文已經解決了。怎樣整齊那些資料分出條理來呢？換句話說，就是，怎樣組織這篇文章呢？這就歸到第二問題了。我們既以《論語》爲擇料的標準，那麼應該把孔子的學說找出幾個特色來。這個不單靠史才，還要很精明的學識，最少要能夠全部瞭解孔子。到底要如何才能把孔子全部學說的綱領揭出來，我另在《儒家哲學》上面講過了，這裏從略。今天只講別擇資料的方法，其實作《孔子傳》的最困難處也在別擇資料。至於組織成文，如何敘時代背景，如何敘孔學來源，如何敘孔門宗派，這無論敘什麼大學者都是一樣，大概諸君都能知道，現在也不講了。

乙、《玄奘傳》的作法

凡作一專傳，無論如何，必先擬定著述的目的，製好全篇的綱領，然後跟著做去；一個綱領中，又可分爲若干部。先有綱領，全篇的精神才可集中到一點，一切資料才有歸宿的地方。拿幾個綱領去駕馭許多資料，自然感覺繁難；尤其是著偉大人物的傳，事迹異常的多，和各方面都有關係，作者常常有顧此失彼的苦楚；但是事迹越多，著作越難，綱領也跟著越需要。

玄奘是一個偉大的人，他的事迹和關係也異常的複雜，所以作他的傳尤其需要綱領。主要的綱領可定爲二個：

㈠他在中國學術上偉大的貢獻；

㈡他個人留下偉大的疇範。

如何才能夠把這兩綱領都寫出，這又不能不分細目。關於第一個綱領的細目是：

⑴他所做的學問在全國的地位如何。

⑵他以前和同時的學術狀況如何。

⑶他努力工作的經過如何。

⑷他的影響在當時和後世如何。

關於第二個綱領的細目是：

⑴他少年時代的修養和預備如何，
⑵他壯年後實際的活動如何——某時期如何，某一部分如何，
⑶他平常起居狀況，瑣屑言行如何。

像這樣在第二個綱領內又分六個細目，把各種資料分別處置，或詳，或略，或增，或減，或細目中又分細目，一定很容易駕馭資料，而且使讀者一目了然。無論作何人的傳，都應該如此。

玄奘是中國第一流學者，絕不居第二流以下；但是幾千年來沒有幾個人知道他的偉大，最知道的只有作《聖教序》的唐太宗，其次卻輪到作《西遊記》的人，說來可氣又可笑，士大夫不知玄奘，孺子婦人都知道有唐三藏！《新唐書》、《舊唐書》都有〈方技傳〉，〈方技傳〉都有〈玄奘傳〉，但都不過百餘字。〈方技傳〉本來就沒有幾個人看，百餘字平平淡淡的〈玄奘傳〉更沒有人注意了。

佛教輸入中原以後，禪宗占領了全部領土十之七，天台宗占了十之二，剩下的十之一就是各宗合併的總量，不用說，玄奘的法相宗不過這十分之一的幾分之幾了。所以從一般人的眼光看來，玄奘的地位遠在慧能、智顗之下。其實我們若用科學精神，誠實的研究佛教，法相宗的創造者是玄奘，翻譯佛教經典最好最多的是玄奘，提倡佛教最用力的是玄奘。中國的佛教，若只舉一人做代表，我怕除了玄奘，再難找第二個。我們想作一個人的傳，把全部佛教說明，若問哪個最方便，我敢說沒有誰在玄奘上面的。如何借《玄奘傳》說明中國佛教的發達史，就是作《玄奘傳》的主要目的。

玄奘是中國人，跑到印度去留學。留學印度的，在他以前，不止一個，但是留學生能有最大成功的，一直到今日，不惟空前，而且絕後。他臨回國的前幾年，在印度佛教裏，是第一個大師。他的先生戒賢是世親的大弟子，他又是戒賢的大弟子，繼承衣鉢，旁的弟子都趕不上他。——他是中國留學印度的學生中，空前絕後的成功者！

翻譯佛教經典，他以前也並不是沒有人；但一到他手裏，一個人竟譯了一千六百餘卷。而且又還改正了許多前人譯本的錯誤，規定了許多翻譯佛經的條例，在譯學上開了一個新的局面和永久的規模。

教理上，他承受印度佛教的正脈，開中國法相宗的宗派，在《世界佛教史》，《中國佛教史》都占極重要的位置。——合起上面三種事業來看，他在學術上的貢獻何等偉大！他在學術上的地位何等重要！

關於這幾樣，說明了以後，頭一樣，佛教教理的變遷和發展，從釋迦牟尼到玄奘的經過如何，應該跟著敘述。我們知道，中唐晚唐之間，回回入印度，開學術會，一把無情火把佛教第一二流大師都燒成灰燼，佛教從此衰落。這時上距玄奘回國不過百餘年，可見玄奘留學印度的時候，佛教剛好極盛。所以不但說明中國佛教全體可在他的傳裏，就是印度佛教全體也在他的傳裏說明，也沒有什麼不可。就退一步說，《玄奘傳》最少也要簡單敘述佛滅後千餘年，佛教發展和衰落移轉的情形。關於這點，可看玄奘所著《異部宗輪論》。那書講佛教自佛滅後到大乘之興，分二十宗派。全書組織分二部：一、上座部；二、大衆部。說明佛滅後百餘年，佛門分了這二派，上座部是老輩，大衆部是青年。後來又先後由此二派分出二十小宗派，後來又由此二十小派分出大乘各派。大乘崛起，把原來二十派都認作小乘，精神性質漸漸日見殊異。我們所以能瞭解當日那種情形，全靠玄奘那部《異部宗輪論》。自宋元明到清末，一般研究佛教的人都能注意到這點。我們要認眞知道佛教全部變遷的眞相，非從小乘研究大乘的來源不可，所以作《玄奘傳》，起首應將佛滅以後的各宗派簡單說明。

其次，須說明大乘初起，在印度最有力的有二派：一龍樹，這派稱法性宗；二世親，這派稱法相宗。更須說二派的異同，和小乘又有什麼分別。像這樣，在簡單敍述小乘二十派之後，略詳細的敍述大乘，然後觀察玄奘的各派中所占的地位。他是大乘法相宗的大師，需要鄭重地說明；若不說明，不知他的價值。

在這裏頭，可以附帶講玄奘以前各派輸入中國的情形。以前的人雖然不如玄奘的偉大，但若沒有他們，也許沒有玄奘。譬如鳩摩羅什自然是玄奘以前第一偉大的人。他是法性宗，生在玄奘前二百多年，那時法相宗才萌芽，所以他譯了許多主要經典卻沒有譯法相宗的一部；但從他起，中國才有系統的翻譯，許多主要經典到此時已輸入中國。所以我們把印度佛教流派說明以後，應該另作一章，說明佛教輸入中國的情形，就借此把玄奘以前的譯經事業籠統包括在裏。

說起玄奘以前的譯經事業，最早起於何時，很多異說。據我的考定，實始於東漢桓帝、靈帝間，略和馬融、鄭玄時代相當。前人相傳，東漢明帝時已有譯經，其實不可信。那時佛教雖早已輸入——西漢哀帝時秦景憲已從大月氏王使者伊存口受浮屠經，東漢明帝時楚王英已齋戒祀佛，——但不過有個人的信仰，而沒有經典的翻譯。桓、靈間，安清、支讖才從安息、月支來，中國人嚴佛調才幫助他們翻譯佛經。自此以後，續譯不絕；而所譯多是短篇，雜亂無章，見一種就譯一種，不必一定是名著，不必一定是有頭尾；而且譯意的是外國人——或印度，或西域——並不深懂中國文字；筆述的雖是中國人，而未必是學者，最多能通文理而已，對於佛教教理又不很懂：所以有許多譯本都免不了資料的無選擇和意義的有誤解二種毛病。這是漢末、三國、西晉譯界的普遍現象，雖已譯了許多經典而沒有得到系統的知識，可以叫他「譯經事業第一期」。

一到第二期便有個鳩摩羅什。鳩摩羅什的父親是印度人，母親是龜茲人，以當時論，固屬外國，以現在論，也可說他一半是中國人。在他那時候，譯經事業已有進步。他雖生長外國，卻能說中國話，讀中國書，詩也作得很好。外國人作中國詩，他是最先第一個。他的文章，富有詞藻；選擇資料，又有系統。論起譯經的卷帙，鳩摩羅什雖不及玄奘；論起譯經的範圍，玄奘卻不及鳩摩羅什。從前沒有譯論的，到鳩摩羅什才譯幾種很有價值的論；從前大乘在中國不很有人瞭解，到鳩摩羅什才確實成立大乘；中國譯經事業，除了玄奘，就輪到了他。

玄奘叫作三藏法師，從前譯書的大師都叫三藏，為什麼這樣叫，沒有法子考證。大概三藏的意思和四庫相等，稱某人為三藏，許是因人很博學。中國的三藏在玄奘以前都是外國人；中國人稱三藏，從玄奘起；以後雖有幾個，實在不太配稱。從鳩摩羅什到玄奘的幾位三藏，卻可大略的敘述幾句，然後落筆到玄奘身上。——說明譯經事業，就此停止。

但玄奘以前和同時的中國學術狀況，卻還要敘述一段。教理的研究在鳩摩羅什幾乎沒有一點條理；比較有專門研究的，是小乘毗曇宗，乃上座部的主要宗派。在鳩摩羅什以後，法性宗——即三論宗——大盛。三論宗之名，因鳩氏譯三論而起。三論爲何？《中論》、《百論》、《十二門論》是。後來又譯了一部《大智度論》，合稱《四論》。經的方論，鳩氏又譯了《維摩詰》、《小品放光般若》、《妙法蓮華大集》。從此，他的門徒大弘龍樹派的大乘教義；一直到現在，三論宗還是很盛。這派專講智慧，和法相宗不同。法相宗從六朝末到隋唐之間。在印度已很興盛，漸漸傳入中國。最主要的《攝大乘論》已由眞諦譯出，中國法相宗遂起。（法相宗又曰攝論宗，即由《攝大乘論》省稱。）只因爲譯本太少，又名詞複雜意義含糊，讀者多不明白。玄奘生當此時，篤好此派，在國內歷訪攝論宗各大師請教，都不能滿意，所以發願心到印度去問學，而一生事業，遂由此決定。

我們作傳時，應有一節說明玄奘以前的攝論宗大勢如何，有多少大師，有沒有小派，有什麼意味，有多大價值，才能夠把玄奘出國留學的動機襯出。他出國前曾經受業的先生和曾經旁聽的先輩，固然全部很難考出，但重要的幾個卻很可以考出來。初傳攝論宗到中國來的眞諦，玄奘已不及見了。眞諦的弟子，玄奘見過不少，不可不費些考證工夫，搜出資料來。

現在的《大慈恩寺三藏法師傳》十卷，凡八萬餘字，是玄奘弟子慧立所作，在古今所有名人譜傳中，價值應推第一。然而我們所以主張要改做，別的緣故固然多，就是他只敘玄奘個人切身的事迹而不敘玄奘以前的佛教狀況，多收玄奘的奏疏，唐太宗、高宗的詔旨，而不收玄奘和當時國內大師討論的言辭，也已很令我們不滿意。

我們作傳，在第一章說明玄奘在學術界的貢獻和地位以後，第二章就應當如前數段所論，說明玄奘以前，佛教教理的變遷和發展，小乘大乘法法性相的異同，各派輸入中國的先後和盛衰，譯經事業的萌芽和發達，法相宗初入中國的幼稚，玄奘的不安於現狀：像這樣，把玄奘留學的動機，成學的背景，說了一個清楚，然後才可敘到《玄奘傳》的本文。到此才可敘他少時怎樣，出國以前，到了什麼地方，訪了什麼人，說了什麼話，做了什麼事，一切用普通傳記的作法。

自此以下，就進了第三章，要說明玄奘努力工作的經過，在印度如何求學，回中國如何譯經。

《三藏法師傳》，很可惜未用日記體，年代很不清楚，要想把玄奘在印度十七年歷年行事嚴格規定，實在很難。然而根據裏面說的，在某處住了若干天，在某路走了若干月，在某寺學了若干年，約略推定，也不是不可能。這節最須特別描寫的就是玄奘亡命出國，萬里孤苦的困難危險，能夠寫得越生動越好。

《大唐西域記》是玄奘親手作的地理書，體例很嚴。若是他曾經到過的地方，就用「至」字或「到」字；若沒到過，就用「有」字。

最可恨的，印度人講學問，對於時間空間的觀念太麻木，所以我們要想從印度書裏窺探玄奘所到的地方和所經的年代實在沒有法子。好在西洋人近來研究印度史和佛教史，發明了許多地圖史蹟，我們很可拿來利用。

《三藏法師傳》、《大唐西域記》二書，一面敘玄奘遊學的勤勞堅苦，一面述西域、印度的地理歷史，在世界文化上的貢獻極大；一直到現在，不但研究佛教史的人都要借重他，就是研究世界史的人也認爲寶庫。所以我們可以根據這二書，參考西洋人的著作，先把玄奘遊學的路線詳細記載，把佛教在西域、印度地理的分布情形整理出一個系統來，然後下文敘事才越加明白。

以後一節，須述當時印度佛教形勢。上文第二章已經敘述佛教的變遷和發展，是注重歷史方面的，而對於當時的情形較簡單些。這裏說明佛教形勢，是注重地理方面，對於當時，應該特別詳細。第一須說明玄奘本師在當時佛教的地位。

玄奘見戒賢時，戒賢已八十九歲了，他說：「我早已知道你來了，忍死等你。」這個故事許是迷信，然亦未嘗不可能。後來戒賢教了玄奘三年，又看他講法二年，到九十五歲才死。無論是否神話，戒賢在當日印度佛教的地位實在最高。

戒賢住持的寺叫那爛陀，那爛陀的歷史和地位也得講清。（後來回教徒坑殺佛教徒也就在這個寺。）義淨的《大唐西域求法高僧傳》記這寺的內容很詳細。西洋人和日本人考出他的地址，發掘出來，再參考他書，還可證明他的規模很大，分科很細，是印度全國最高的研究院。戒賢當日在裏面是首席教授，最後二年，玄奘也是首席教授。這種史料和中間那幾位大師的史料，西洋文字日本文字比較中國文字多得多。我們須得說明了這段，才可講玄奘留學時所做的工作。

玄奘自己站在法相宗的範圍內，一生爲法相宗盡力；但毫無黨派觀念，只認法相宗爲最進步的宗派，而不入主出奴，排斥異宗。那時那爛陀是法相宗的大本營，法相宗正在全盛時代，戒賢多年不講法了，這回卻特別爲玄奘開講三年，玄奘精神上感受的深刻，可想而知。但玄奘並不拘泥在一派之內，無論任何異宗，任何異教，只要有名師開講座，他都跑去旁聽。大乘各派，小乘各派，乃至外道，他都虛心研究。

那時印度風行一種學術辯論會，很像中國打擂壇。許多闊人、國王、大地主，常常募款做這類事，若是請的大師打勝了，就引為極榮譽的事，時間長到幾個月。當玄奘在印度最後的幾年，六派外道最占勢力，勝論大師順世最有名，最厲害，跑到那爛陀來論難，說輸了便砍頭。那時他寺的佛徒給他打敗的已有好許多，所以他特來惹戒賢。戒賢不理他，叫玄奘去跟他論辯，幾個月功夫，駁得順世外道無言可說，只好自己認輸，便要砍頭。玄奘不讓他砍，他便請玄奘收他做奴僕，玄奘不肯，只收他做學生，卻又跟他請教，他又不肯，結果就在晚上談論，幾個月工夫，又給玄奘學清楚了勝論。

像這種精神，玄奘是很豐富的。他是佛教大乘法相宗，不錯；但做學問卻大公無我，什麼都學，所以才能夠成就他的偉大。他遊印度共費了十九年，他足迹所經有六千萬里：所為的是什麼？只為的求學問。像這幾種地方，我們作傳，應該用重筆寫。

玄奘最後兩、三年在印度佛教的地位高極了，闊極了。竟代替了戒賢，當那爛陀寺的首席教授。有一回，兩國同時請他去講演，甲國要他先去，乙國也要他先去，幾乎要動刀兵了。結果，鳩摩羅王戒日王來調停，都加入。就在那兩國邊界上開大會。到會的有十八國王，各國大小乘僧三千餘人，那爛陀寺僧千餘人，婆羅門和尼乾外道二千餘人。設寶床，請玄奘坐，做論主。玄奘講他自己作的《眞唯識量頌》，稱揚大乘；叫弟子再讀給大衆聽，另外寫一本懸會場外；說，若裏邊有一字沒有道理，有人能破的，請斬我的首以謝。這樣，經過十八日，沒有一個人能難。那些地主和聽衆都異常高興，戒日王甚至請玄奘騎象周遊各國，說中國大師沒有人敢打。

除大列各大事外，玄奘在印度還做了許多有價值的事，我們應該多搜材料，好好的安置傳裏。——這是講在印度工作的話。

他回國以後，全部的生活完全花在宣傳佛教，主要的事業十九都是翻譯佛經。他是貞觀元年出國的，到貞觀十七年才起程回國，次年到了于闐，途中失了些經典，又費了八月工夫補抄，到十九年正月二十四日才到長安。他出國是偷關越境的，很辛苦；回來可十分闊綽。他一到于闐就上書唐太宗，告訴他將回國。剛好唐太宗征高麗去了，西京留守房玄齡派人沿途招待，並且出郊相迎接。太宗聽見玄奘到了京，特地回來，和他在洛陽見面。他從二月六日起，就從事翻譯佛經，一直到龍朔三年十月止，沒有一天休息。開首四年，住長安弘福寺；以後八年住長安慈恩寺；以後一年陪唐高宗住洛陽，住積翠宮；以後二年住長安西明寺；最後五年住長安玉華宮。二十年之久，譯了七十三部，一千三百三十卷佛經。一直到臨死前二十七天才擱筆。前四五年因爲太宗常常要和他見面，還不免有耽擱的時間；自太宗死後，專務翻譯，沒有寸陰抛棄。每日自立功課，若白天有事做不完，必做到夜深才停筆。譯經完了，復禮佛行道，至三更就寢，五更復起。早晨讀梵本，用朱筆點次第，想定要譯的。十幾個學生坐在他面前筆記，他用口授，學生照樣寫，略修改，即成文章。食齋以後，黃昏時候，都講新經論，並解答諸州縣學僧來問的疑義。因爲主持寺事，許多僧務又常要吩咐寺僧做，皇宮內使又常來請派僧營功德，所以白天很麻煩。

一到晚上，寺內弟子百餘人咸請受誡，盈廡滿廊，一一應答處分，沒有遺漏一個。雖然萬事輻輳，而玄奘的神氣常綽綽無所壅滯。——像這樣一天一天的下去，二十年如一日，一直到他死前二十七日才停止。這種孜孜不倦，死而後已的工作情形，傳裏應該詳細敘述。

玄奘一生的成功就因最後二十年的努力。若是別人既已辛苦了十九年，留學歸國，學成名立，何必再辛苦？他卻不然；回國後很快就開始譯經，到臨死前二十七天才停筆；一面自己手譯，一面培植人才，不到幾年，就有若干弟子聽他的口授，筆記成文，卒至有這偉大的成績。自古至今，不但中國人譯外國書，沒有誰比他多，比他好，就是拿全世界人來比較，譯書最多的恐怕也沒有人在他之上。所以我們對於這點，尤其要注意。最好是做一個表，將各經的翻譯年月，初譯，或再譯，所屬宗派，著者姓氏年代、卷數、品數，等等，一一詳明標列，這樣才可以見玄奘所貢獻給學術界的總成績。

這個表要有二種分類排列法，一種是依書的外表分列，一種是依書的內容分列。前者可分創譯補譯重譯三類，創譯是從前未譯過的，補譯是從前未譯完的，重譯是從前譯得不好的。後者可分七類：一、法相宗的書，創譯的很多，重譯的也不少。二、法性宗的書，如《大般若波羅密多經》，鳩摩羅什也曾譯過，但不完全，所以玄奘重譯全部，共有六百卷之多。三、其他大乘各宗的書，如《攝大乘論》，從前也有人譯過，但沒有他的詳，沒有他的精確。四、小乘各宗的書，又可分二目：甲、上座部的，如《阿毗達磨大毗婆沙論》二百卷；乙、大衆部的，如《阿毗達磨俱舍論阿毗達磨正理論》。五、講宗派源流的書，如《異部宗輪論》。六、講學問工具的書，如

《因明入正理論因明正理門論》本是最初介紹論理學的傑作。七、外道的書，如《勝宗十句義論》，是印度外道哲學書最重要的一部。像這樣分類列表，既令人知道玄奘貢獻之偉大，又可令人知道他信仰法相宗是一事，翻譯佛經又是一事，他做學問很公平、忠實，不僅譯本宗書。這點無私的精神也要用心寫出。

譯書若單靠他一手之力，自然沒有這麼大的成績。他在數年之內養成好許多人才，又定好重要規則，譯好專門名詞，說明方法利弊，使得弟子們有所準繩，這點不能不詳細研究他。周敦義〈翻譯名義序〉引了玄奘的《五不翻論》，可知玄奘像這類的言論一定不少。他的弟子受了他的訓練，所以能在他的指揮下共同譯出這麼多書來。這點也須在本章最末一節說個清楚——這以上是講玄奘努力工作的經過，是第三章。

到第四章，應該說明玄奘在當時及後世的影響，他是不大著書的：《成唯識論》是法相宗的寶典，雖經玄奘加上許多主張，等於自著，但名義上還是翻譯的；他在印度時用梵文著了《會宗論》三千頌和《眞唯識量頌》，確是自己創造的，而爲量已少，而且《會宗論》還沒有譯成國文；他另外著了《大唐西域記》十二卷，但沒有佛教教理主張，爲什麼他不太著書？我們想，大概因爲佛經的輸入比較自己發表意見還要重要，所以他不願著書。

那麼，他的學問的成就怎樣呢？我們知道他不僅是一個翻譯家而已，他在印度最後幾年的地位已經占最高座，學問的造詣當然也到了最高處。但是他沒有充分的遺著供我們的探討，如何能見他學問的眞相呢？沒有法子，只好在學生身上想法子。

他最後十五年是沒有一天離講座的，受他訓練的學生不下數千人，得意門生也有好些。像清儒王伯申的《經義述聞》引述他父親的學說，我們盡可以從王伯申去看王懷祖的學問。玄奘的得意門生如窺基、圓測等的著作自然很不少玄奘的主張在內，我們盡可以從這裏面探討玄奘的學問。窺基、圓測的書經唐武宗毀佛法，焚佛書以後，在中國已沒有，幸虧流傳到日本去了，最近二三十年才由日本輸入窺基作的《成唯識論續記》。

窺基是尉遲敬德的兒子，十二歲的時候，玄奘一見就賞識他，要收他做門徒。那時唐帝尊尙佛教，玄奘又享大名，窺基家人當然很願意，窺基自己可不肯。玄奘又非要不可，經過多次的交涉，允許他的要求，將來可以娶婦吃肉喝酒。後來窺基跟了玄奘多少年，雖未娶婦，卻天天吃肉喝酒。但是玄奘許多弟子，他卻是第一名。唯識宗就是他創造的，是法相宗二大派之一。後來這派極盛。

道宣《續高僧傳》，說圓測並非玄奘的學生，不過在末席偷聽而已，並沒有什麼了不得。在圓測的書未發現以前，看去似果眞和玄奘不相干。近來日本人修《續藏》，找他的書，找出來了，傳到中國才知道在法相宗是占有很重要的位置，並不和唯識宗所說的話一樣。

所以玄奘傳下的二大派，我們應該徹底研究，其同點何在，其異點何在，都要弄清，弄清了，玄奘的學說也可跟著明白。而且因此不惟說明玄奘的學說，就是玄奘的影響也很清楚。玄奘的影響清楚，也就是法相宗的大勢連帶清楚。此後順便可以講些法相宗流入日本的歷史，一直敘到現在，筆法也很清順。

最後，凡是玄奘的門生的門生和門生，尤其是當時襄助玄奘譯書的人，須用心考出，做成一個詳細的表，其中有事業可稱的，可以給他作篇小傳。

——從此以上，是講《玄奘傳》第一個綱領下的第四細目，也就是第四章。我上文不是講過有二個綱領嗎？那第二個綱領還有三個細目應該敘在什麼地方呢？這早插在前面四章裏了。當做傳時，心中常常要記著這二個綱領，一面要敘述玄奘在中國學術上偉大的貢獻，一面同時要敘述玄奘個人留下偉大的範疇，不可只注意前者，忽略了後者。我這種作法，是以前項綱領爲經，以後項綱領爲緯，後者插入前者裏面，隨時點綴，不必使人看出針迹縫痕，才稱妙手。多年欲作《玄奘專傳》，現在大概的講些我的作法來，將來或者能有成功的一天，給學者做個參考。

第七章　人表及其作法（略）

分論二　事的專史（略）

分論三　文物的專史

第一章　文物專史總說

文物專史是專史中最重要的部分，包括政教典章，社會生活，學術文化，種種情況，做起來實在不容易。據我個人的見解，這不是能拿斷代體來做的；要想滿足讀者的要求，最好把人生的活動事項縱剖，依其性質，分類敘述。本來，根據以前的活動狀況，以定今後活動的趨向，是人生最切要的要求，也是史家最重大的責任，所以對於各種活動的過去眞相和相互的關係，非徹底的求得不可；否則影響到今後活動，常生惡果。我們知道，人類活動是沒有休止的，從有人類到今日，所有的一切活動，都有前後因緣的關係。倘使作史的時候，把他一段一段的橫截；或更依政治上的朝代分期，略說幾句於實際政治史之後：那麼，作出來的史，一定很糟。這種史也許名為文化史、文物史，其實完全是冒牌的。從前的正史裏，書志一門，也是記載文物的，但多呆板而不活躍，有定制而無動情；而且一朝一史，毫無聯絡，使讀者不能明瞭前後因緣的關係。所以這種斷代體和近似斷代體的文物史都不能貫徹「供現代人活動資鑑」的目的。我們作文物專史，非縱剖的分爲多數的專史不可。

我以爲人生活動的基本事項，可分三大類，就是政治經濟文化三者；現在作文物的專史，也就拿這三者分類：這是很近乎科學的分法。因爲人類社會的成立，這三者是最主要的要素。拿人的生理來譬喻罷：有骨幹才能支持、生存，有血液才能滋養、發育，有腦髓神經才能活動、思想；三者若缺少其一，任何人都不能生活。一個人的身體如此，許多人的社會又何嘗不然？拿來比較，個人的骨幹等於社會的政治，個人的血液等於社會的經濟，個人的腦髓神經等於社會的文化學術，一點兒也不差異。現在就先把這三種文物專史所應分別包括的事項略微講講：

第一是社會骨幹之部，就是政治之部。這所謂政治，是廣義的，從原始社會如何組織起，到如何形成國家，乃至國家統治權如何運用，如何分化，都是。若以性質分，則軍政、民政、財政、法政、外交，都可溯古至今的敘述。若以部位分，則地方、中央，又可詳細的劃開。譬如一個人骨幹，以性質分，有做支持身體用的，有做行走用的，有做取攜用的，有做保護的；以部位分，曰頭骨，曰脊骨，曰腿骨，曰臀骨；分開來雖有千百，合起來仍是一套。政治的組織也是如此，所以國家社會才能成立。

第二是社會血脈之部，就是經濟之部。一個人非有物質生活不可——衣食住缺一，不可生存。社會亦然。若受經濟的壓迫，必衰退下去，或變成病態，或竟驟然消滅。一部分的經濟不充裕，一部分社會危險；全世界的經濟不充裕，全世界社會危險。就譬如一個人患了貧血症，一定精神痿弱，不久人世；若一滴血都沒有了，那還成個人嗎？經濟是社會的營養料，也是社會的一要素。

第三是社會神經之部，就是文化之部。人所以能組織社會，所以能自別於禽獸，就是因爲有精神的生活，或叫狹義的文化。文化這個名詞有廣義、狹義二種：廣義的包括政治經濟，狹義的僅指語言、文字、宗教、文學、美術、科學、史學、哲學而言。狹義的文化尤其是人生活動的要項。

人生活動不外這三種。說句題外的話，據我看，理想的國家政治組織，許要拿這個標準分類。將來一個國家許有三個國會，一是政治會，一是經濟會，一是文化會。歐戰後，法國設過經濟會議，教育會議，和政治上的國會幾乎鼎立。國會原來只代表骨幹的一部分，非加上代表血液，神經的不行。今後學問日見專門，有許多問題不是政治家所能解決的，所以國會須有經濟會文化會輔助，才可使國家組織完善。

文物史也是一樣，非劃分政治經濟文化三部而互相聯絡不可。所以文物的專史包括：

㈠政治專史。
㈡經濟專史。
㈢文化專史。

三大類，各大類中又可分許多小類，其分法在下文講。

第二章　政治專史及其作法

政治專史最初應該從何處研究起？最初應該研究民族。中國人到底有多少民族？中國人的成分為何？各民族中，哪一族做臺柱？最初各民族的狀況如何？從最初到黃帝時，各民族的變化如何？商周兩民族的來歷如何？周代的蠻夷戎狄有多少種？後來如何漸漸形成骨幹民族？如何漸漸吸收環境民族？當沒有混合時，其各自發展的情形如何？何時接觸？何時同化？自從本民族的最初發源起，慢慢地，匈奴、鮮卑、契丹、女眞、蒙古、圖爾特逐漸發生交涉，以至於今日。這都應該詳細劃分，各作專篇，組織成一部民族史。那麼，中國人對於中國民族的觀念格外清楚了。

第二步就應該研究國土。展開中華民國的地圖一看，知道我們這一群人生活在這裏面。但我們的各祖宗最初根據什麼地方呢？何時如何擴充？何時又如何退縮？何時如何分裂為幾國？何時又被外來民族統治？何地最先開發？何地至今猶帶半獨立性？這都要先瞭解，作成專史，才可確定政治史的範圍。

第三步就要研究時代。關於時代的劃分，須用特別的眼光。我們要特別注意政治的轉變，從而劃分時代，不可以一姓興亡而劃分時代。從前的歷史借上古、中古、近古，或漢朝、唐朝、宋朝，來橫截時間，那是不得已的辦法。我們須確見全民族政治有強烈轉變，如封建變為郡縣，閉關變為開放之類，才可區別為二，深入的個別的，研究各個時代的歷史。

第四步還要研究家族和階級。以普通理論講，個個人都是社會的分子，社會是總體，個人是單位。這許是好理想，但事實上不能如此。以一個人做單位，想在社會總體裏做出事業來，古今中外都不可能。總體之中，一定還有許多小的分體，那些分體才是總體的骨幹。一個人不過是一個細胞，對國家爲國民，對家族爲家人，對市村爲市民、爲村民，對學校爲學生、爲教員，對階級爲士、爲商，必加入各小團體，以爲基礎，才能在大團體中活動。家族，無論何種社會都看得很重，是間接組織國家的重要成分。在中國，一直到現在，還有許多人，與其叫他國家的國民，不如叫他家族的家人；因爲他是對家族負責的。所以家族如何形成，如何變遷，如何發展，都得研究。階級，亦無論哪個社會都免不了；許多個人都由階級間接參加國家。中國人消滅階級比較的早，而對於家族，非常的擁護。西洋人不然，家族的關係很薄，階級的競爭漸濃。中國的階級在國家雖不重要，但不能說無關係。所以爲瞭解社會的基礎起見，非特別研究家族史階級史不可。

此外，有些西洋有，中國沒有的。如西亞細亞，教會的組織，比家族還重要，在中國卻不成問題。中國史和西洋史不同之點，即在這種地方。

——以上五步的研究，是做政治史的第一部分。因爲政治就是社會的組織，社會組織的基礎就是上述民族、國土、時代、家族、階級等。把基礎研究清楚，才可講制度的變遷。

所以政治專史的第二部分就是講政治上制度的變遷。這種應當從部落時代敘起。遠古有無部落？如何變成宗法社會？如何變成多國分爭？如何變成君主統一？統一以後，如何仍舊保留分立形式？如何從封建到郡縣？郡縣制度之下，如何變成藩鎮專橫？如何又變成各地自治？君主制度又如何變成民主？這種由分而合，由合而分，經過幾次。分合的含質如何？分合的同異何在？這麼大的國家，如何劃分中央與地方的權限？歷史上的趨勢，一時代一時代不同，須得分部去研究。

其次又要研究中央政權如何變遷。某時代是貴族專制的政體，某時代是君主專制的政體？某時代對於中央政府如何組織？各種政權如何分配？中央重要行政有多少類，每類有如何的發展？這種中央的政治組織和中央權力的所在，須分類研究其變遷，詳述其眞相。如司法、財政、外交、民政等。——這是政治專史的第二部分。

第三部分是講政權的運用。上文講的是政治組織上的形式；其實無論何時，和實際運用都不能相同。譬如中華民國約法，現在似乎仍舊有效。但具文的約法和實際的政治，表面和骨子，相差不知幾千萬里。若從《政府公報》看，中央政府似乎很強有力，吳佩孚、張作霖亦得稟命中央。如打破了南口，許多威字將軍，都是由吳張上呈文，由內閣發表。事實上，骨子裏何嘗如此？一切大權都不在內閣，吳張上呈文亦等於一紙命令。這不但我國此時如此，無論何時何國，實際上的政治和制度上的政治都不能相同。不過不同的距離，各有遠近就是。譬如英國國會，組織既很完善，威力既很偉大，又號稱代表全國民意，可謂憲政的模範；但實際上只由少數資本家把持，用以壟斷全國權利，何嘗能代表多數民意？表面上，政府的法令都經國會通過，很合憲法；資本家卻借國會以取權利，這是憲法所不能禁止的。意大利的棒喝團，俄羅斯的蘇維埃，也是如此。表面上的組織是一回事，運用起來又是一回事。所以研究政治史的人，一面講政治的組織，表面上形式如此如彼，一面尤其要注意骨子裏政治的活用和具文的組織發生了多大的距離。譬如漢朝中央政治，依原定組織，天子之下，丞相行政，御史執法，太尉掌兵，全國大政，都出自三公。但自武帝以後，大政的權柄漸漸移到尚書省；尚書省在法律上是沒有根據的，裏面都是皇帝私人。後來的三公，非錄尚書事，不能參與政治，事實竟變成無形的法定制度。後來漢朝的政權不惟在尚書省，外戚宦官都非常的把持，也是自然的結果。宦官運用政治，法律上尤其沒有根據，然無人能阻其不握政權。還有，大學生、學會，有時也能左右政治，但在法律上亦看不見。所以某時代政治的運用變到某部分人手上，其變遷之狀況何如，事實何如？都得詳細研究。關於這類，近來政黨的發生，亦可附入。——這是政治專史的第三部分。

研究政治史根據此分類標準，分了又分，務求清楚。我打算編一個目錄，使得作政治史的人有個標準；至於詳細的作法，現在不能講了。

第三章 經濟專史及其作法

經濟事項，譬如人生的血液。我們作經濟專史，可以因人類經濟行為的發生次第，來做分類的標準。人類為什麼有經濟行為？因為有消費。人類起於消費，因消費而須生產。生產的種別不同，所以又須交易。生產的結果，須分給多少部分的人，所以分配的問題又起。愈到近代，在經濟行爲上，分配愈占重要地位。古代最初的人類行爲，分配問題，卻不大發生。所以做起歷史來，要講清前三部分，才可講分配。中國經濟史，最重要的是消費和生產，其次是交易，最末才是分配。現在依此次序講。

消費方面可分食衣住三項。要作一個民族的經濟史，看他自開化以來的食衣住如何變遷，最爲重要。但作歷史再沒有比這個困難的，因爲資料極其缺乏。

食的方面：到底我們這個民族普通食品是什麼東西？某種從外來？某種生產於某處？哪一種占重要地位？某時代某種占重要地位？一個民族幾千年的食飯問題實在要緊，但研究起來也實在困難。因爲歷史的資料不外紙片上的記載和殘留的實物，殘留的實物多由地下發現，食品卻不能保存；紙片上的資料固然不可看輕，但無論何國的歷史，都是政治的資料多，社會經濟的資料少；尤其是中國。這個難題，我私度沒有多大把握。因爲紙片上的資料很少，實物根本沒有，又不能靠採掘。但是，雖然困難，亦不能不想方法。我想不單是食，凡關於經濟事項，若研究其歷史，不能不和政府史文化史脫離而另取一方向。作文化史政治史，多由古及今；作經濟史，當由今及古。近代一二百年的經濟變遷，用心訪問，還能整理成一個系統。將現代所見，和近代銜接。再一樣一樣的追尋根源，追到何時就講到何時。即如食米麵，大概言之，北方多食麵，南方多食米，倒追上去，還可以看著這種痕迹，還可知北方何時始食麵，南方何時始食米。關於經濟項下，此原則不能不採用，即「跟現存的追上去」。食的問題，諸食品中，何者原有，何者後入，乃至植物的栽培，動物的豢養，都可以從現在起，倒數上去。此法雖不能用得圓滿結果，但非絕無路走。其中有些可以特別研究的，如米的應用及保存分配的方法。應用方面，古代不單拿來食，而且用做貨幣。讀《管子》，可知米是金融中很重要的物品。什麼時候完全是金融的要素？什麼時候完全把交易媒介的性質除去？研究起來，倒很有趣味。還有，禁米出口的政策，現在還有討論的餘地。關於米的支配，幾千年來，不同旁的一樣。旁的可以自由交易，米是民食所寄，政府、地方、社會，對於米都有特別的制裁，支配管理，都有殊異的方法，這也很有趣。所以食品史應有專篇，講幾千年來管理支配的方法如何，這倒不難，可從紙片上得資料。從現在看起，追尋上去，看二千年來何如。又如鹽，也是消費要素之一，在中國史上的資料比較得很充足。自漢唐以來，鹽在財政上占極主要的地位。再溯上去，《管子》是戰國的書，已說春秋戰國時已有特別管理和支配鹽的方法。所以作中國吃飯史，全部做得如何，很難講；但很應該做，而且最少有若干問題有相當的資料，可以做得好。倘使研究一項，打開了一條活路；別項也得用同樣的方法，追尋上去。

衣的方面：或者作起史來較容易些，因爲保存下來的東西比較的多。如在日本考中國的服飾，可以追到唐朝，有名的博物院中還有唐朝以下的實物。這因實物保存，所以比較的容易研究。但衣的方面，特別的問題很多，最須分類研究。如絲是中國可以自豪的，發明最早。但到什麼時候才有？最近李濟之先生在山西夏縣西陰村發現半個蠶繭，假使地層的部位不錯，那麼，中國在石器時代已有絲了。其次如麻，也是中國的特產，須特別研究。又其次如棉花，自唐以後，輸入中國，證據很多。但到底是從南洋來抑從西域來？各說都有根據，我們如何取決？棉布又起自何時？是自己發明的還是從外國輸入的？假使是輸入的，又從何國輸入？這個專題可得有趣的發明。還有，中國未有棉花以前是用什麼東西？近代的麻和古代的麻同類否？有多少種？從有絲到織呢絨綢緞，是自己發明的不是？問題眞多，資料也不是沒有，只等我們去研究。

住的方面：宮室建築，拿現代所有做基本，推上去，也很可以。不過中國每經喪亂，毀滅無餘。近如圓明園給英法聯軍一把火燒得乾乾淨淨，只剩了一個景福門和照壁圍牆，最近幾個月，也給軍閥拆去了。自古至今，多少偉大的建築，給那般暴徒毀去，以致今日研究起來，實在困難。只求紙片上的記載，又很難得圓滿的結果。但除了力求古蹟以外，紙片也不是絕對沒有貢獻。其中的特別問題也很多，如衣食事項一樣。如城郭，許是中國特有的文化，最少也是亞洲民族特有的，而且是中國人所發明。《史記・匈奴傳》，《漢書・西域傳》，以城郭的有無為開化半開化民族的符號。中國所謂城郭和歐洲中世所講堡壘不同。堡壘似碉樓，是少數君主、貴族，專保自己財產用的。城郭不專為一人，不專為統治者的安全，而為保護一般人民的利益而設。大概古代人民，春秋散在田野；冬日把所有的收穫品聚在一處，初為牆，後為城郭，以防禦外來的強盜和外族的掠奪。這種城郭的發明，從何時起？殷墟文字裏有多少城郭？殷朝、西周何如？春秋時代，見於記載的很多，可見已是一件很重要的事。後來竟變成文明人的標誌。假如我們證實了城郭是中國民族的特別發明，可以追尋到古代，看某時某地有古城痕迹或記載，就可知中國文化此時已到此地。最古，長城以外，沒有城郭，西域各國，或有或沒有。由此可見中國民族勢力的消長。研究起來，雖很困難，但並不是沒有路子，雖不能全部研究，但抽出若干種，比較的資料易得的，可以得許多成績。此外的特別問題也不止一種，不能多講。

食衣住三者的史料，除了記載和實物以外，還有特別史料，是我們所能得，外人所不能得的。中國文字，象形、指事、會意諸種，研究起來，有許多可以發現有史以前的生活狀態，其中乃至心理的狀態也可以看出一部分。如宀字表示穴居，以人入洞，和以人入門的閃字不同。如宮字表示兩進的房子，到現在還適用，到歐洲可不適用的。如家字表示以物覆豕，是家的所在，可知古人由漁獵時代變成畜牧時代的時候，以豕爲食物而始有固定的家。又如吉凶的凶字，表示設陷阱以捉野獸，野獸落到裏面的樣子。原來只有這種意義，後來才用爲不利的意義。像這類在古文字上研究以求古代人類衣食住的狀況，常有許多意外的收穫。這種收穫品是記載上實物上所沒有而文字中有的。假如小學家有社會學的根柢，很可以得奇異的發明。所以衣食住的專史，誠然難作，但不是絕對不可作，機會正多的很。

進一步到生產方面：生產的種類，分別爲漁獵、畜牧、農耕、礦業、家庭手工業和現代工業，每一種須一專史，中間看哪一種最發達，歷史也跟著詳細一點。

中國農業最發達而最長久，資料也很多，非給他作一部好歷史不可。農業、農器、農產物的歷史，都應該作。最主要的，尤其是田制。一直到現在，仍是最主要的問題。幾千年來的政治家很用心去規定這種制度，許多學者也有很周密精詳的主張，或已實行，或未試辦。我們研究田制的變遷，有許多資料可供使用；只有肯去找，詳審的選擇敘述，可以得很有價值的歷史。這不單是考古而已，或者有些學者或政治家所建議而未實行的制度，我們把他全錄或摘抄下來，可以供現代的資鑑，而愈可以成爲有價值的著作。

漁獵、畜牧，最初的社會已經有了，一直到現在，還是很重要的生產事業。礦業，到周代也已發明已利用，到今日，變成多種生產事業的發動力；假使沒有礦業，多種生產事業都得停頓。所以我們作史，應該分別，一部一部的，各自著成一書。

家庭手工業在機械工業未輸入以前的狀況如何？原來的機械工業在新式的機械工業未輸入以前的狀況如何？自機械工業輸入中國以後到現在如何的發展，有無新的發明？這種資料，東鱗西爪的，研究時要很費精神去尋找。

此外和生產事業極有關係的有三種：就是水利、交通、商業，不能不作專史。

歷代以來，中國人對於消極的防水患，積極的興水利，都極注意。如《資治通鑑》，每朝末葉，水患特別的多，前人以爲天災流行，其實則毫不足怪。新興之朝，所以沒有水患，只因當時上下對於修堤浚河的工作很用財力，人工可以征服自然。如清代河道總督，號稱肥缺，有很充足的公款可供中飽；但一發現有舞弊情形或一遇河堤決口，馬上就要拿去砍頭，所以無論怎樣貪婪的河道總督總得用心修理河道，所以清代水患比較的少。到了民國，一切的收入都跑進兵隊和兵工廠和軍閥的姨太太身上了，誰來理這閒事？所以不講別的，就是永定河就每年總有好幾次發生危險。關於這類水利問題，歷代工作的情形怎樣，都得作成專史。

交通在現在以鐵路河海航線電線最重要，汽車道也有人注意。這些事業，幾時才輸入中國？

近來發達的情形如何？都是應該入史的。還有，古代沒有這些東西，卻有驛道驛使做中央統治地方的利器，所以對於驛的制度很完善。驛道的路線，歷代不同，逐代加增。研究的結果還可勉強畫出地圖來。驛道的管理法，驛使的多少，也得研究清楚。這類資料，倒也不少。我們可以從上古初闢草萊起，漸有舟車，漸有驛道、運河、海運、鐵道、航線、電線、汽車道，乃至飛機、無線電、電話，都一一做成歷史，分之各爲專篇，合之聯成交通專史。

商業自春秋戰國以後日見發達，以前也並非沒有。我們須研究人類最初交易的情形如何？何以由物與物互易而變成物與幣互易？春秋戰國對外的貿易何如？歷代對於商人的待遇何如？漢唐對於邊界互市的狀況何如？一直到現在與全球通商的經濟戰爭情況如何？其中如貨幣的變遷尤其要特別的研究。關於貨幣的理論，如每值幣制紊亂，講求修正改革的奏疏之類，價值很高，是要收入貨幣史的。或者包括各種事實成一部商業史，或者分別作各種專史，都無不可。

上面交通和商業二種都屬於交易方面，就是經濟事項的第三種。再進一步，就要說到分配了。（名達按：當日因時間來不及，未講分配。）

——關於經濟專史的分類，似乎不太科學的；不過稍微舉個例，大概的講一講。近人關於貨幣、田制的著述，倒有一點，但都還得補正。此外各史，許多人未曾作，或認爲不好作的，也未嘗不可以設法研究。這在我們的努力。

第四章　文化專史及其作法

狹義的文化譬如人體的精神，可依精神系發展的次第以求分類的方法。文化是人類思想的結晶。思想的發達，最初靠語言，次靠神話，又次才靠文字。思想的表現有宗教、哲學、史學、科學、文學、美術等。我們可一件一件的講下去。

甲、語言史

在西洋言文一致，在中國文字固定，語言變化，兩不相同。所以研究中國文化，要把文字同語言分開。

離開文字的語言已成過去，在固定的文字下研究變化的語言，異常困難；但並不是絕無資料。西漢末揚雄已經很注意這部分，新近學者研究語言的發展很快。我們的同學中有研究中國語言史者，起初我們以爲很困難，現在已證明有路可走。看韻文的變化常可得著具體的原則。即如廣東話，在中國自成一系。鄉先生陳蘭甫著《廣東音學》，發明了廣東話和旁的話不同的原則。近來趙元任先生研究現代語言，在聲音方面也很有心得。文法方面，自漢以後，宋人平話未發生以前因士人作文喜用古時筆調，成爲固定的，不肯參用俗調；通俗的白話又不曾在紙片上保存：所以現在很難考出。但我們從很缺乏的資料中跟著上去，也非絕對不能作史。宋元以後，平話小說戲曲先後繼起，語言的變化就漸漸可考了。

乙、文字史

清代以來，小學家根據《說文》，把文字劃出一個時代來研究，成績很高。後來甲骨文發現，文字學上起了很大的變化。國內唯一的大師，王靜安先生，研究得很好，我們希望努力下去，可以得文字的最初狀況。再由古及今，把歷代的文字變遷都研究清楚，可以作成中國文字史。

丙、神話史

語言文字之後，發表思想的工具，最重要的是神話。由民間無意識中漸漸發生某神話，到某時代斷絕了。到某時代，新的神話又發生，和神話相連的是禮俗。神話和禮俗合起來講，系統的思想可以看得出來。歐洲方面，研究神話的很多。中國人對於神話有二種態度：一種把神話與歷史合在一起，以致歷史很不正確。一種因爲神話擾亂歷史眞相，便加以排斥。前者不足責；後者若從歷史著眼是對的，但不能完全排斥，應另換一方面，專門研究。最近北京大學研究所研究孟姜女的故事，成績很好，但範圍很窄，應該大規模的去研究一切神話。其在古代，可以年代分；在近代，可以地方分，或以性質分。有種神話竟變成一種地方風俗，我們可以看出此時此地的社會心理。

有許多神話夾在記眞事的書裏。如《山海經》，若拿來作地理研究，固然很危險；若拿來作神話研究，追求出所以發生的原因來，亦可以得心理表現的資料。如緯書，從盤古、伏羲、神農、軒轅以來的事情很多，又包含許多古代對於宇宙的起源和人類社會的發生的解釋。我們研究古人的宇宙觀、人生觀，和古代社會心理，與其靠《易經》，還不如靠緯書和古代說部如《山海經》之類，或者可以得到眞相。又如《金縢》夾在二十八篇眞《尙書》中，所述的事非常離奇。那些反風起禾的故事，當時人當然相信；如不相信，必不記下來。我們雖不必相信歷史上眞有這類事，但當時社會心理確是如此。又如《左傳》裏有許多災怪離奇的話，當然不能相信，但春秋時代的社會心理大概如此。

又如《佚周書》在歷史上的價値如何，各人看法不同；其中記載殺多少人，虜多少人，捕獸多少，我們不能相信。孟子說，「仁者之師無敵於天下，……如之何其血流漂杵也？……吾於武成，取其二三策而已。」[1]事實固然未必全屬眞相；但戰爭的結果，當然很殘忍，這點可認爲事實；又看當時所得猛獸之多，參以《孟子》別篇所謂「周公兼夷狄，驅猛獸，而天下寧[2]」可知當時猛獸充斥於天下。這種近於神話的誇大語，也自有他的歷史背景。我們因他誇大某事，可相

1 《孟子・盡性下》原文作：「吾於武成，取二三策而已矣，仁人無敵於天下，以至仁伐至不仁，而何其血之流杵也？」

2 《孟子・滕文公下》原文末句作「而百姓寧」。

信當時實有某事，但不必相信他的數目和情形。

神話不止一個民族有，各族各有其相傳的神話。那些神話互相征服同化，有些很難分別誰是誰族的。我們應當推定哪一種神話屬於哪一種民族或哪一個地方。如苗族古代和中原民族競爭很烈，苗族神話古代也特別多，我們若求出幾個原則，把苗族神話歸納出來，倒很可知道苗族曾經有過的事項、風俗，和社會心理。苗族史雖不好研究，而苗族神話史卻很可以研究出來。

後代一地方有一地方的神話。《荊楚歲時記》和這類文集筆記方志所講的各地風俗和過節時所有的娛樂，若全部搜出來做一種研究，資料實在多。如蘇東坡記四川的過節，范石湖記吳郡的過節，若分別研究，可以瞭解各地方心理和當時風俗，實在有趣。

中國的過節實在別有風味，若考究他的來源，尤其有趣味。常常有一種本來不過一地方的風俗，後來竟風行全國。如寒食是春秋晉人追悼介之推的紀念日，最初只在山西，後來全國都通行了，乃至南洋美洲，華人所至之地都通行。可是現在十幾年來，我們又不大實行。又如端午，初起只在湖南競渡，最多也不過湖北，後來竟推行到全國。又如七夕，《詩經》有「宛彼牽牛」[3]之句，牽牛與織女無涉。古詩十九首有「迢迢牽牛星，皎皎河漢女，盈盈一水間，脈脈不得語。」[4]成為男女相悅了。後來竟因此生出七夕乞巧的節來。最初不過一地的風俗，現在全國都

3　《詩經・小雅・大東》原文作「睆彼牽牛」。

4　「皎皎河漢女」與「盈盈一水間」之間有刪略。

普遍了。這類的節，雖然不是科學的，卻自然而然表示他十分的美。本來清明踏青，重陽登高，已恰合自然界的美，再加上些神話，尤其格外美。又如唐宋兩代，正月十五晚，皇帝親身出來湊熱鬧，與民同樂。又如端午競渡，萬人空巷。所以，最少，中國的節，都含有充分的美術性；中國人過節，帶有娛樂性。如燈節、三月三、端午、七夕、中秋、重陽、過年，都是公共娛樂的時候。我們都拿來研究，既看他的來源如何，又看他如何傳播各地，某地對於某節特別有趣，某時代對於某節尤其熱鬧，何地通行最久，各地人民對於各節的意想如何，爲什麼能通行，能永久。這樣極端的求得其眞相，又推得其所以然，整理很易得的資料，參用很科學的分類，作出一部神話同風俗史來，可以有很大的價值。

丁、宗教史

在中國著宗教史——純粹的宗教史——有無可能，尙是問題。宗教史裏邊，教義是一部分，教會的變遷是一部分。教義是要超現實世界的，或講天堂，或講死後的靈魂，無論哪一宗教都不離此二條件。其次，宗教必有教會；沒有教會的組織，就沒有宗教的性質存在。根據這兩點來看，中國是否有宗教的國家，大可研究。近來推尊孔子的人想把孔子做宗教，康南海先生就有這種意思，認孔子和外國人的宗教一樣去研究。一般攻擊孔子的人又以爲孔子這種宗教是不好的，如吳稚暉先生和胡適之先生。其實兩種看法都失了孔子的眞相。第一點，可以說，宗教利用人類曖昧不清楚的情感，才能成功，和理性是不相容的，所以超現實，超現在。孔子全不如此，全在理性方面，專從現在現實著想，和宗教原質全不相容，第二點，教會，孔子以後的儒家是沒有的，現在有的是冒牌。

再看孔子以外的各家：關於第一點，道家，老子莊子雖有許多高妙的話，像是超現實超現在，而實質上是現實的現在的應用，道家實在不含宗教性。比較的，古代思想只有墨家略帶宗教性，講天志，講明鬼，稍有超現實的傾向，但仍是現實的應用。墨家並未講死後可以到天堂，亦未講死後可以做許多事業，不過講在現實的幾十年中，好好的敬天，做好事，天自然會賜以幸福：所以墨家仍不能認爲宗教。關於第二點，道家也沒有教會。墨家有鉅子，頗像羅馬的教皇，未能明瞭他如何產生，雖然當戰國時代，許多百餘年曾有過教會的組織，但後來消滅了。現在留存的材料極少，除了講鉅子的幾條以外，別無可找。

中國土產裏既沒有宗教，那麼，著中國宗教史，主要的部分，只是外來的宗教了。外來宗教是佛教，摩尼教，基督教，最初的景教，後來的耶穌教，天主教等。主要的材料，純粹是外來的宗教著作，都是死的，無大精采。只有佛教有許多很有精采的書，但應該擺在哲學史裏抑宗教史裏還是問題。爲著述方便起見，擺在哲學史更好；因爲佛教的理性很強，而且中國所感受，哲學方面爲多。佛教到中國以後，多少派別，當然應該擺在哲學史，因爲六朝隋唐一段的哲學史全靠佛教思想做中堅。其中純粹帶宗教性而且很強的只有淨土宗，但也很難講。又佛教的禪宗，勉強可以說是中國自創的一派，然很近哲學，到底應認爲教派，抑應認爲學派，又是問題。據我看，做學派研究，解釋要容易些。到底哪一部分應歸宗教，哪一部分應歸哲學，分起類來很不方便。

若把全部佛教，移到哲學，那麼宗教史的材料更少了。

爲什麼宗教在中國不發達？大抵因爲各種宗教到了中國，不容易有好教會的組織發生。最近基督教宗中如燕京大學一派有組織中國基督教會的運動，我很贊成。因爲人類應有信仰宗教的自由，我們不能因爲他是外來的就排斥他。基督教所以可恨，只因他全爲外國人包辦。假使由中國人來辦，就可免掉外國借手侵略的野心，所以若作宗教史，最後一頁，可以講有少數人有這種運動。他們既然信仰基督教，當然應該努力；但事實上未必成功，如有可能，恐怕早已有人做成功了。

就外來的宗教講，其教理要略及其起源，用不著在中國宗教史講。在中國內部，所謂教會的形式，又沒有具體的。中國宗教史只能將某時代某宗派輸入，信仰的人數，於某時代有若干影響，很平常的講講而已。雖或有做的必要，卻難做得有精采。

就中國原有的宗教講，先秦沒有宗教，後來只有道教，又很無聊。道教是一面抄襲老子、莊子的教理，一面採佛教的形式及其皮毛，湊合起來的。作中國史，把道教敘述上去，可以說是大羞恥。他們所做的事，對於民族毫無利益，而且以左道惑衆，擾亂治安，歷代不絕。講中國宗教，若拿道教做代表，我實在很不願意。但道教醜雖很醜，作中國宗教史又不能不敘。他於中國社會既無多大關係，於中國國民心理又無多大影響，我們不過據事直書，略微講講就夠了。

作中國宗教史，倒有一部分可寫得有精采。外國人稱中國人奉多神教，名詞頗不適當。多神教是對一神教而言。基督教，猶太教是一神教，其他都是無神教，佛教尤其是無神教。西洋人不曾分別這點，說印度人奉佛教即奉多神教。中國孔子不講神，說「未能事人，焉能事鬼？」「未知生，焉知死？」然而孔子對於祭祀卻很看重。《論語》說，「祭如在，祭神如神在。」孔子一面根本不相信有神，一面又藉祭祀的機會，彷彿有神，以集中精神。儒家所講的祭祀及齋戒，都只是修養的手段。《論語》說，「非其鬼而祭之，諂也。」「其鬼」和「非其鬼」的分別，和西洋人的看法不同。意思只是，鬼神不能左右我們的禍福；我們祭他，乃是崇德報功。祭父母，因父母生我養我；祭天地，因天地給我們許多便利。父母要祭，天地山川日月也要祭；推之於人，則凡為國家地方捍患難建事業的人也要祭；推之於物，則貓犬牛馬的神也要祭；只此，「報」的觀念便貫徹了祭的全部分。這種祭法，和希臘、埃及的祭天拜物不同。他們是以為那裏面有什麼神祕，乃是某神的象徵，並不因其有恩惠於人而去祭他。老實講，中國所有的祭祀，都從這點意思發源，除了道教妖言惑衆的拜道以外。我們將歷代所拜的神羅列起那些名詞來，分類研究其性質及變遷，實在很有趣味。

我們看，古時的人常常因感恩而尊所感的人為神。如醫家祭華佗、扁鵲、戲子祭唐明皇。若把普遍人祭什麼，某階級祭什麼，分類求其祭的原因及起源的情形，可以得知十有八九是因為報恩的。若看歷代所崇拜的神的變遷，尤其有意思。——例如近代最行運的神是關羽；關羽以前是蔣子文。南京鐘山，也叫蔣山。即因蔣子文得名。蔣子文是一個知縣，六朝人，守南京，城陷，殉節。他官階既比關羽低，時代又比關羽後，但同是殉節的人，都合於祀典「以死勤事則祭之」[5]的向例。這類殉節的人，古來很不少；不過蔣子文當時死得激烈一點，本地人崇拜他，祭祀他，起初稱他知縣，其後稱他蔣侯，其後又稱他蔣王，最後竟稱他蔣帝。祭他的地方不很多，只在南朝各地：但南朝各代，上自皇宮，下至偏僻市鎮，都很虔誠的祭他。比較關羽的享遇，當然差得遠；但人雖生於關羽之後，神卻成於關羽之前。關羽的運氣，行得很遲；到明末才有許多地方祭他爲神，到滿人入關，才極通行。滿洲人翻譯漢文成滿文的，最初一部是《三國演義》，一般人看了，認關羽是惟一的人物。後來迭次打勝仗，都以爲靠關羽的神幫助。所以八旗兵民所到的地方，沒有不立關帝廟祭關羽的。皇帝在文廟祭孔子，在武廟就祭關羽、岳飛。無形中，社會受了莫大的影響。乃至沒有什麼地方不祭關羽，沒有什麼地方沒有關帝廟。諸位的故鄉，自然有這種風俗。就是現在從清華園大門出去，那正藍旗和正白旗，二個村莊不見他有什麼宗祠家廟，倒都有關帝廟占正中的位置，做全村公共會集的地方。諸君再到北京前門外那個有名的關帝廟，一問那看廟的人，一定可以得到一件有趣的故事：「明萬曆間，宮中塑了兩個關帝偶像，叫人給他倆算命。神宗皇帝喜歡的那個，偏偏命不好；皇帝討厭的那個，偏偏有幾百年的煙火。皇帝發脾氣了，吩咐把自己喜歡的供在宮中，把那個討厭的送往前門外的廟裏去。哪知道，後來李闖一進宮門，便把那關帝像毀了；前門外那個關帝到現在還有人供禮。」關羽是特殊有運氣的

---

5 《禮記・祭法》原文作「以死勤事則祠之」。

神，時間已有四五百年，地方遍及全國。還有運氣不好的，如介之推，除了山西以外，沒有廟；如屈原，除了湖南以外，也沒有廟。然而寒食、端午兩節，專是紀念他倆的，也帶了十足的崇拜先哲的意思，和廟祀差不多。——我們若把中國人所供祀的神，——根究他的來歷，大柢沒有不是由人變成的。我們看他受祀範圍的廣狹，年代的久暫，和一般民衆祀他的心理，作成專篇，倒是宗教史裏很有精采的一部分。所以可以說中國人實在沒有宗教，只有崇德報功的觀念。

還有一點，在宗教史上要說明的。中國人信佛宗釋迦牟尼，信道宗太上老君，信基督教宗基督，同時可以並容，絕不像歐洲人的絕對排斥外教。佛教輸入以後，經過幾次排斥，但都不是民衆的意思。北魏太武帝、北周武帝、唐武帝三次摧殘佛教，其動機都因與道教爭風。當時那兩教的無聊教徒，在皇帝面前爭寵，失敗了的，連累全教都失敗，這和全國民衆有何相關？中國所以不排斥外教，就因爲本來沒有固定的宗教，信教也是崇德報功的意思。基督教輸入以後，所以受過幾次的激烈排斥，也只因基督教徒本身有排外的思想，不容外教的存在。回教謨罕默德出於摩西，也是排外的教。摩西之所以起，即因爭奪南方膏腴之地而起。基督教到羅馬，以教會干涉政治；回教所到之處，亦以教會干涉政治；那自然和本方人的權利思想不相容，自然會引起相當的反感。當他們初入中國，未現出侵略的野心以前，中國人是無不歡迎的。自唐朝景教流行到明末基督教再來，都不曾有什麼反動。後來因爲舊教天主教有壟斷政權的嫌疑，新教耶穌教又有侵略主義的野心，所以我們才排斥他。回教輸入中國以後的情況，也是一樣。

關於這點——中國人對於外來宗教的一般態度，很值得一敘。我們常常看見有許多廟裏，孔子、關羽、觀音、太上老君，同在一個神龕上，這是極平常的現象。若不瞭解中國人崇德報功的思想，一定覺得很奇怪。其實崇德報功，只一用意，無論他的履歷怎樣，何妨同在一廟呢？譬如后稷和貓都有益於農耕，農人也常常同等供祀，又有何不可呢？

作中國宗教史，依我看來，應該這樣作：某地方供祀某種神最多，可以研究各地方的心理：某時代供祀某種神最多，可以研究各時代的心理。這部分的敘述才是宗教史最主要的。至於外來宗教的輸入及其流傳，只可作爲附屬品。此種宗教史作好以後，把國民心理的眞相，可以多看出一點；比較很泛膚的敘述各教源流，一定好得多哩。

戊、學術思想史

中國學術不能靠一部書包辦，最少要分四部：

子　道術史——即哲學史。

丑　史學史。

寅　自然科學史。

卯　社會科學史。

四部合起來，未嘗不可；然性質既各不同，發展途徑又異，盛衰時代又相參差，所以與其合併，不如分開。現在先講道術史的作法。

子、道術史的作法

中國道術史，看起來，很難做。幾千年來的道術，合在一起，要想系統分明，很不容易。不過，若把各種道術分爲主系、閏系、旁系三類，好好的去做，也不是很難。主系是中國民族自己發明組織出來，有價值有權威的學派，對於世界文化有貢獻的。閏系是一個曾做主系的學派出來以後，繼承他的，不過有些整理解釋的工作，也有相當的成績的。旁系是外國思想輸入以後，消納他，或者經過民族腦筋裏一趟，變成自己的所有物，乃至演成第二回主系的思想的。幾千年來的思想，認定某種屬某系，有了綱領，比較的容易做。

主系思想，有價値的，不過兩個時代：一、先秦；二、宋明（包括元代）。要做中國道術史，可以分作上下兩篇，分講先秦宋明兩個主系；但非有眞實的學問加精細的功夫不可。

所謂閏系，如漢朝到唐初對於先秦的學術，清朝對於宋明，是閏系。因爲漢唐人的思想不能出先秦人的範圍，清人的思想不能出宋明人的範圍。雖然東漢以後已有一部分旁系發生，清朝也有一部分旁系發生，但閏系的工作仍占一部分，不妨分別敘述。

所謂旁系，最主要的是六朝隋唐間的佛學。那時代把佛學輸入以後，慢慢的消化，經過一番解釋，準備做第二回的主系。這個旁系，和第一回主系先秦沒有關係，但是宋明主系的準備。還有一種旁系，就是現代。再追遠一點，到明中葉基督教的輸入；但那時的關係很微，到最近三四十年才發達。此刻的旁系，比隋唐的佛學還弱的很；將來在學術上的位置很難講，倒有點像東晉南北朝的樣子，離隋唐尙遠。東晉時，佛教各派思想都已輸入，但研究者僅得皮毛，還沒有認眞深造的工作。中間經幾百年，到隋唐而後才有很體面的旁系出現。因旁系的體面而有融會貫通，自創一派的必要。現在的中國，我們希望，更有一個主系出現，和第一主系第二主系都要不同才好。宋明思想和先秦思想，好壞另是一件事，性質可絕不相同，旁系發達到最高潮，和過去的主系結婚，產生一新主系，這是宋明道術的現象。現在的中國也有這裏產生第三主系的要求，但主系產生的遲早，要看我們努力的程度如何。此刻努力，主系可以早出現。此刻不努力，或努力不得其方，恐須遲延到若干年後。但第三主系的產生，始終必可實現，因爲現在正是第二旁系輸入中國的時期。

若是拿上述那種眼光來作道術史，並不難做。做的時候，全部精神集中到主系。第一主系，範圍既廣，方面又多，要說明他，是很困難。但是細細辨別起來，也還容易。春秋戰國以前，都是醞釀時代；可由《詩經》、《書經》、《左傳》所載，說明白古代思想的淵源。春秋戰國——即先秦——是主系的所在。那時各家的著作，打開《漢書．藝文志》或《二十二子》、《百子全書》一看，似乎浩如煙海；其實若仔細分別一下，眞的先秦書實在不多，屈指可數。作道術史做到先秦，最要緊的是分派。分派的主張，各人不同。司馬談分爲六家，劉歆、班固分爲九流十家，其實都不很對。老實講，只分儒道墨三家就夠了。再細一點，可加上陰陽家及法家。而最重要的仍是前三家。能把這三家認識得清楚，分別得準確，敘述得詳明，就很好了。陰陽家如鄒衍一派，沒有幾本書；漢初以後的陰陽家是否先秦鄒衍這派，很値得硏究。

第一閏系，就是第一主系的餘波；從全部思想看來，不能占重要的位置，他的敘述，不能和第一主系平等看待。這時第一要緊的事，就要把各家的脈絡提清，看他如何各自承受以前的學風，如何各自解釋本派的學說，如何本派又分裂爲幾派，如何此派又和彼派混合。儒家，戰國末已分爲八派，需要分別說明。漢朝那般經學家墨守相傳的家法，有許多迂腐離奇的思想，需要看他如何受陰陽家的影響。道家如《淮南子》，在閏系中很有價值；那些派別，需要分清。墨家思想到漢朝已中絕，但也有見於他書的；如《春秋繁露》，一部分是陰陽家的思想，另一部分是墨家的思想。

無論哪派，當一大師創造提倡之時，氣象發皇，有似草木在夏天。其先慢慢的萌芽長葉含苞吐蕊，有似草木在春天。其後落華取實，漸至凋落，有似草木在秋天。又後風采外謝，精華內蘊，有似草木在冬天。譬如第一主系的先秦，各家都忙於創作，未暇做修理的工夫。其先當然是醞釀時期，沒有急遽的進步，其後到西漢，各家都不去創作，專事整理。在前未入完成的部分，經這期的人加添潤飾，果熟蒂落。在前未應用到社會的部分，經這期的人一一實現到社會應用上去，社會都受其賜了。關於後者，漢朝在政治史上所以占重要位置，在道術史上所以是閏系，都因享受先秦的結果。如儒家，經過西漢二百年儒者的傳習理解，已竟深入人心，到東漢便實現到社會上去，像收穫果實一樣，所以東漢的政治組織，民衆風俗，在中國是小小的黃金時代。關於前者，漢朝在秦皇焚書之後，書籍殘缺，耆宿凋落，後輩欲治先秦的學問，眞不容易。所以一般學者專事解釋先秦著作，不知創作。但因古文字可以有多方面的解釋，各家墨守祖說，互爭小節，思想變爲萎靡不振的現象。而且一種學術，無論如何好，總有流弊；況經輾轉傳說，也不免有失眞象：所以一種學術應用到社會上，算是成功，也就因此腐壞。有如果實爛熟而發生毛病一樣。所以研究閏系思想，一方面看他們如何整理解釋，不忘他們工作的功勞；一方面也要注意他們彼此做無聊的競爭，生出支離破碎的現象。所以敘述閏系和敘述主系不同：對於第一主系的幾派，要詳細研究其內容的眞相，對於第一閏系卻可不必。漢朝十四博士的設立，乃至各博士派別的差異，我們可以不必管他。主系須看內容；閏系只看大概，只看他們一群向哪裏走。我們作第二主系，用此作法，並不很難。

第一旁系的發生，很重要。佛教到底應擺在宗教史還應擺在道術史，很費斟酌。單做佛教史，當然可以詳說；但做道術史，則仍以擺在道術中爲是。在中國的佛教，惟淨土宗及西藏、蒙古的喇嘛教應擺在宗教方面。因爲縱使他們有相當的哲理，而在中國本部文化上的影響很少；即西藏、蒙古人之信仰喇嘛，也並不因他有哲理，所以應該收入宗教裏。此外，自隋唐以來，最初的毗曇宗到三論宗、攝論宗，小乘的毗曇宗，大乘的教下三家——天台宗、華嚴宗、法相宗，乃至禪宗，都關於哲理方面。大多數的佛教徒，信宗教的成分，不如研究哲理的成分多。簡單講，除密宗在蒙藏應列入宗教史以外，其他都應收入道術史。這部分工作，頗不容易。第一：要說明原始佛教何如？印度佛教的分化發展何如？因爲要想瞭解新婦的性情，非先瞭解她的娘家不可。所以先應忠實的看佛教起源及其分化，發展，然後可敘中國的佛教。第二：東漢三國兩晉南北朝是翻譯時期，但能呑納，不能消化。所以應該敘述那時輸入的情況何如？輸入了些什麼東西，那些譯本是否能得原本眞相，沒有錯誤。第三：最主要的唐朝教下三家，要集中精神去說明。法相宗從印度由玄奘帶來，玄奘以前，只是印度人講。到玄奘譯著《成唯識論》，才開這個宗派。但《成唯識論》是玄奘及其弟子窺基把釋迦牟尼以後十家的道術匯合翻譯，參以己意，才作成的。此種譯著，爲功爲罪，尙不分明。十家的內容，很難分別；其中以護法爲主，而其餘九家，不易看出。十家的道術，經過玄奘、窺基的整理，去取之間，很有選擇。雖說原是印度人的思想。但其中實參加了中國幾個大師的成分。天台宗是智者大師所創，後來印度來的許多大師都很佩服他。認眞看起來，天台宗的確和印度各宗不同。許多人攻擊他，以爲不是眞佛教；其實這種不純粹的洋貨，我們治學術史的人尤其要注意。華嚴宗不是純粹出自中國，也不是純粹出自印度，乃出自現在新疆省的于闐。佛教到于闐才發生華嚴宗，華嚴宗到中國本部才成熟，至少不是印度的。——所以所謂教下三家，可說完全都是中國的；此外教外別傳，如禪宗，神話說是達摩自印度傳來的，我們研究的結果，不肯相信。他所謂西方二十八祖，全是撐門面的；實在只有五祖和慧能，純是中國的學派。所以禪宗的學風，也純是中國的創作，應該和教下三家同樣的用力敘述。

佛教雖是旁系，但做起來的時候，應該用作主系的方法去研究。因爲起初雖自外來，但經過中國人消化一次，也含有半創作性。所以除了簡單講印度佛教的起源和變遷以後，主要各宗派，在中國的，應該用研究先秦各家的方法去研究。看他不同之點何在，主要之點何在。這是作中國道術史比較的困難所在。其實也並不困難。因爲書籍儘管多，要點只是這幾個，不過我們沒有研究，心驚便是了。只要經過一番研究，得著綱領，作起史來，實在容易。旁系之中，附帶有他的閏系。講亦可，不講亦可。若是順便講的話，佛教的創作至唐開元而止，中唐以後及五代，便是佛教的閏系。後來法相宗的消滅，華嚴宗的衰微，天台宗的分裂為山內山外，禪宗的分為五派，自來講中國佛教掌故的最喜歡講這些東西，實在這都是閏系的話，旁系的主要點全在內容的說明。

現在有許多人感覺作中國道術史的困難，以為三國到隋唐實在沒有資料。其實，哪有一個這麼長的時代而沒有道術之理？他們把這時代省去，中間缺了一部分，還哪裏成為道術史？再則，這部分工作如果落空，宋明哲學——第二主系思想——的淵源如何看得出來？所以認真作中國道術史的人，應當對於第一旁系——佛教——加以特別的研究。

再往下就是第二主系——宋明道術。宋儒自稱直接孔孟心傳，不承認與佛教有關係，而且還排斥佛教。另一方面對他們反動的人攻擊他們，以為完全偷竊佛教唾餘，自己沒有東西。清代的顏元、戴震和近代的人，連我自己少時也曾有這種見解。其實正反兩方都不對：說宋明道術完全沒有受佛教的影響固然非是，說宋明道術自己沒有立腳點也是誤解。簡直講，儒家道家先秦兩漢，本有的思想，和印度佛教思想結婚，所產生的兒子，就是宋明道術。他含有兩方的血統，說他偏向何方都不對。思想的高下雖可批評，然實在是創作的。先秦主系都是鞭辟近裏，把學術應用到社會上去。兩漢閏系專門整理解釋，離實際生活太遠了。宋明學者以漢唐的破碎支離的學問，繁瑣無謂的禮節，與人生無關，乃大聲疾呼的，說要找到一種人生發動力，才算眞學問，所以超越閏系，追求主系本來面目如何，其與社會有如何的關係。宋明道術所以有價值，就在這一點。但他們所謂回到本來面目，是否達到，卻不敢說。不過，以古人的話啓發他自己的思想，實在得力於旁系的影響。當宋朝的時候，佛教旁系已成了閏系，派別很多。法相宗、華嚴宗雖已消滅，天台宗、禪宗卻分爲好幾派，和兩漢今古文之爭一樣，互相攻擊，對於社會人心倒沒有多大關係。但一般學者，因苦於漢唐經學之茫無頭緒，總想在佛經上求點心得。如二程朱子之流，少年皆浮沉於佛教者若干年，想在那方解決人生的究竟。但始終無從滿足這種欲望，所以又返而求之於先秦。研究佛經時雖未能解決人生問題，但已受有很深的影響；以後看先秦書籍時，就如戴了望遠鏡或顯微鏡，沒有東西的地方也變成有東西了。一方面，整個社會經過佛教數百年的熏炙，人人心裏都受了感染。所以一二學者新創所謂道學，社會上雲起風湧的，就有許多人共同研究，而成爲燦爛發皇的學派。

我們研究這個主系，家數雖多，但方面不如第一主系的複雜。第一主系，儒道墨三家，分野很清楚。第二主系，許多家數所討論的不過小問題，不可多分派別。依普通的講法，可分程朱、陸王二派。其餘各小派，可以附帶擇要敘述，如北宋的邵雍、歐陽修、王安石，南宋的張栻、呂祖謙、陳亮、葉適等。這樣，比較的可以容易說明，免去許多麻煩。

再下去是第二閏系，就是清朝道術。但清朝一方面雖是宋明的閏系，一方面又是作未來主系的旁系。所謂第二閏系，即清朝的宋學家。他們一方面作宋明的解釋，一方面即作先秦的解釋。清朝主要的思想家有影響的眞不多。其中有許多大學者，如高郵王氏父子，不能說是思想家；不過工作得還好而已，對於道術史全部分，無大影響。

統觀清代諸家，考證家可以補第一閏系的不足，理學家可以作宋明的閏系：中間又有旁系的發生，無形中受了外來的影響，就是顏元、戴震一派。顏戴並不奉信基督教，也許未讀西文譯本書，但康熙朝基督教很盛，往後教雖少衰而思想不泯，學者處這種空氣中，自然感受影響，也想往自然科學方面走，不過沒有成功就是。

現在往後，要把歐美思想，盡量的全部輸入，要瞭解，要消化，然後一面感覺從前學術不足以解決我們的問題，一面又感覺他們的學術也不足以解決他們的問題，然後交感而生變化作用，才可以構成一種新東西。作道術史到最後一章，要敘述現在這個時代，是如何的時代：閏系的工作過去了，旁系的工作還沒有組織的進行，發生主系的時間還早——給後人以一種努力的方向。

理想的中國道術史，大概分這幾個時代，抓著幾個綱領做去，並不困難，或全部做，或分部做，都可以。

丑、史學史的作法

史學，若嚴格的分類，應是社會科學的一種。但在中國，史學的發達，比其他學問更厲害，有如附庸蔚爲大國，很有獨立作史的資格。中國史學史，最簡單也要有一二十萬字才能說明個大概，所以很可以獨立著作了。

史學的書，在《七略》和《漢書．藝文志》並未獨立成一門類，不過《六藝略》中春秋家附屬之一。《隋書．經籍志》依魏荀勖《新簿》之例，分書籍爲經史子集四部，史占四分之一，著作的書有八百六十七部，一萬三千二百卷，比較《漢志》大大的不同，可見從東漢到唐初，這門學問已很發達了。

這還不過依目錄家言，實則中國書籍，十之七八，可以歸在史部。分部的標準，各目錄不概同，《隋志》的四部和《四庫全書》的四部，名同而實異，範圍很不一致。單就史部本身的範圍而論，可大可小；若通盤考察，嚴格而論，經子集三部，最少有一半可編入史部，或和史部有密切的關係。

如經部諸書，王陽明、章實齋都主張六經皆史之說，經部簡直消滅了。寬一點，《易經》、《詩經》，可以不算史；《尚書》、《春秋》，當然屬史部；《禮》講典章制度風俗，依《隋志》的分法，應歸入史部；《尚書》、《春秋》、《禮》既已入史部，三《傳》二《記》也跟了去，經部剩的還有多少？

子部，本來就分得很勉強。《七略》、《漢志》以思想家自成一家之言的歸子部，分九流十家，比較還算分得好。但那些子書和史部可很有關係。如《管子》和《晏子春秋》、《韓非子》講的史事極多，幾乎成爲史部著作。漢後思想家很少，綜核名實，配不上稱史而入史部的最少有一半；那些子書所以存在，全因他記載了史事。即如《史記》記載史事，司馬遷當初稱他《太史公書》，自以爲成一家之言，若依規例，自然應歸子部。可見子部史部本來難分，前人強分只是隨意所欲，並沒有嚴格的分野。

集部，《漢志．詩賦略》所載諸書，純是文學的。後來的集，章實齋以爲即是子，因其同是表示一人的思想。如《朱子全集》、《王陽明全集》雖沒有子的名稱，但已包舉本人全部思想，又並不含文學的性質，爲什麼又入集部，不入子部呢？如《杜甫集》、《李白集》純是文學的，猶可說。若《朱子集》、《陽明集》以及《陸象山集》、《戴東原集》，絕對不含文學的性質的，拿來比附《漢志》的〈詩賦略〉，簡直一點理由也沒有，我們是絕對不認可的。集部之所以寶貴，只是因爲他包含史料。如記載某事、某人、某地、某學派，集部裏實在有三分之二帶史部性質。就是純文學的作品包含史料也不必少。如《杜甫集》，向來稱作詩史。凡研究唐玄宗、代宗、肅宗諸朝的情形的，無不以《杜甫集》作參考。這裏可說特別一點，其餘無論哪一部集，或看字句，或看題目，可以寶貴的史料仍舊到處都是。不必遠徵，前年我講《中國文化史．社會組織篇》，在各家文集詩句裏得了多少史料，諸君當能知道。以此言之，純文學的作品也和史部有關。

所以中國傳下來的書籍，若問哪部分多，還是史部。中國和外國不同。外國史書固不少，但與全部書籍比較，不如中國。中國至少占什之七八，外國不過三分之一。自然科學書，外國多，中國少。純文學書，外國也多，中國也少。哲學宗教的書。外國更多，中國更少。

此何以故？中國全個國民性，對於過去的事情，看得很重。這是好是壞，另一問題。但中國人「回頭看」的性質很強。常以過去經驗做個人行爲的標準，這是無疑的。所以史部的書特別多。

中國史書既然這麼多，幾千年的成績，應該有專史去敘述他。可是到現在還沒有，也沒有人打算做，眞是很奇怪的一種現象。（名達案：民國十四年九月，名達初到清華研究院受業於先生，即有著《中國史學史》之志，曾向先生陳述；至今二年，積稿頗富，惟一時尚不欲草率成書耳。）

中國史學史，最少應對於下列各部分特別注意：一、史官；二、史家；三、史學的成立及發展；四、最近史學的趨勢。

最先要敘史官：史官在外國並不是沒有，但不很看重；中國則設置得很早，看待得很尊。依神話說，黃帝時，造文字的倉頡，就是史官，這且不管；至遲到周初，便已看重史官的地位。據金文——鐘鼎文——的記載，天子賜鐘鼎給公卿諸侯，往往派史官做代表，去行給獎禮。周公時代的史佚見於鐘鼎文就不下數十次，可見他的地位很高。他一人如此，可見他那時和他以前，史官已不是輕微的官了。殷墟甲骨文，時代在史佚之前，已有許多史官名字，可知殷代初有文字，已有史官，《尚書》的〈王命〉、〈顧命〉兩篇，有史官的事實，這是見於書籍的紀元。《左傳》記載晉董狐、齊北史氏的直筆，稱道史官的遺烈，可見在孔子以前，列國都有史官，不獨天子。孟子說，「晉之《乘》，楚之《檮杌》，魯之《春秋》，其實一也。」[6]墨子說曾見百國《春秋》。《左傳》記晉韓宣子聘魯，觀書於太史氏，得魯《易象》與《春秋》，可見春秋戰國

6 「其實一也」，《孟子．離婁下》原文作「一也」。

時代，列國都有《春秋》一體的史書，而且都是史官記的，所以後來司馬遷叫他「諸侯史記」。晉太康三年，汲郡發掘晉襄王冢，得到的許多書中，有一部似《春秋》，記載黃帝以來的事實，自晉未列爲諸侯以前，以周紀年，自魏未爲諸侯以前，以晉紀年，自魏爲諸侯以迄襄王，以魏紀年，而且稱襄王爲今王。這部書，當時人叫他《竹書紀年》，後來佚了，現在通行的是假書，王靜安先生所輯的略爲可靠。據《晉書》所載《竹書紀年》的體裁，《竹書紀年》當然是魏史官所記，和魯史記的《春秋》一例。其餘各國史官所記，給秦火焚毀了，想來大概都是《竹書紀年》一體，而且各國都有史官職掌這事的。還有一點，値得注意。《竹書紀年》的記載從黃帝堯舜一直到戰國，雖未必全眞，由後人追述的也有，但亦必有所本，不能憑空杜撰。其中所載和儒家傳說矛盾的，如啓殺伯益，伊尹殺太甲，夏年多於殷，亦必別有所本。他又並不瞎造謠言，有許多記載已給甲骨文鐘鼎文證明是事實。這可見魏史官以前有晉史官，晉史官以前有周史官，周史官以前有殷史官，……一代根據一代，所以才能把遠古史事留傳下來。雖然所記不必全眞全精，即此粗忽的記載，在未能證明其爲全僞以前，可以斷定中國史官的設置是很早很早的。最低限度，周初是確無可疑的已有史官了。稍微放鬆一點，夏商就有，亦可以說。中國史學之所以發達，史官設置之早是一個主要原因。

其次，史官地位的尊嚴，也是一個主要原因。現在人喜歡講司法獨立，從前人喜歡講史官獨立。《左傳》裏有好幾處，記載史官獨立的實迹。如晉董狐在晉靈公被殺以後，書「趙盾弒君」，趙盾不服，跟他辯，他說，你逃不出境，入不討賊，君不是你弒的是誰？趙盾心虛，只好讓他記在史冊。又如崔杼殺齊莊公，北史氏要書「崔杼弒君」，崔杼把他殺了，他的二弟又要書，崔杼把他的二弟殺了，他的三弟不怕死，又跑去要書，崔杼短氣，不敢再殺，只好讓他。同時，南史氏聽見崔杼殺了幾個史官，趕緊跑去要書，看見北史氏的三弟已經成功了，才回去。這種史官是何等精神！不怕你奸臣炙手可熱，他單要捋虎鬚，這自然是國家法律尊重史官獨立，或社會意識維持史官尊嚴，所以好的政治家不願侵犯，壞的政治家不敢侵犯，侵犯也侵犯不了。這種好制度不知從何時起，但從《春秋》以後，一般人暗中都很尊重這無形的紀律，歷代史官都主張直筆，史書作成也不讓皇帝看。固然，什麼制度，行與不行，都存乎其人，況且史官獨立半是無形的法典。譬如從前的御史，本來也是獨立，但是每到末世，就變皇帝大臣的走狗。又如民國國會的豬仔，只曉得要錢，哪懂得維持立法獨立？就是司法獨立也不過名義上的，實際上還不是給軍閥闊人支配？但是只要有這種史官獨立的精神，遇有好史官便可以行其志，別人把他沒有法子，差不多的史官也不敢恣意曲筆。

除了這點獨立精神以外，史官地位的高貴也很有關係。一直到清代，國史館的纂修官一定由翰林院的編修兼任。翰林院是極清貴的地方，人才也極精華之選。平常人稱翰林為太史，一面尊敬，一面也就表示這種關係。一個國家，以如此地位，妙選人才以充其選，其尊貴為外國所無。科舉為人才惟一出身之途，科舉中最清貴的是太史，可以說以全國第一等人才做史官了。

史官在法律上有獨立的資格，地位又極尊嚴，而且有很好的人才充任，這是中國史學所以發達的第二原因。但是到民國以後就糟了！自史佚以來未曾中斷的機關，到現在卻沒有了！袁世凱做總統的時候，以國史館總裁位置王壬秋，其實並不曾開館。後來就讓北京大學呑併了一次，最近又附屬於國務院，改名國史編纂處。獨立精神到現在消滅，是不應當的。幾千年的機關，總算保存了幾千年的史蹟，雖人才有好壞，而記載無間缺。民國以來怎麼樣？單是十六年的史蹟，就沒有法子詳明的知道。其故，只因爲沒有專司其責的國史館。

私人作野史，固可以補史官的不及。但如明末野史很發達，而萬季野主張仍以實錄爲主。史官所記固或有曲筆，私人所記又何嘗沒有曲筆？報紙在今日是史料的淵叢了，但昨天的新聞和今日矛盾，在甲軍閥勢力下的報紙和在乙軍閥勢力下的參差，你究竟相信誰來？——所以作史學史到敘述史官最末一段，可以講講國史館的設立，和史官獨立的精神與史官地位的尊嚴之必要。

史學史的第二部分要敘述史家：最初，史官就是史官，不能分開，到後來，仍舊多以史官兼史家。但作史學史，在史官以外，應從史家兼史官的或史家不是史官的看他史學的發展。這部分資料，歷代都很少。以一種專門學問自成一家，比較的要在文化程度很高以後。所以《春秋》以前不會有史家。歷史學者假如要開會館找祖師，或者可用孔子，因《春秋》和孔子有密切的關係。孔子雖根據魯史記作《春秋》，但參雜了很多個人意見。《春秋》若即以史爲目的，固然可叫作史。即使在史以外，另有目的，亦可以叫作史。本來，記載什麼東西，總有目的。凡作史總有目的；沒有無目的的歷史。孔子無論在哲學上，政治上，有其他目的，我們亦不能不承認他是史家。即使他以記載體裁發表政見，《春秋》仍不失爲史學著作的一種。其後最昭明較著的史家，當然是《國語．左傳》的作者，無論他姓甚名誰，大概推定其年代不出孔子死後百年之內。

這個史家是否晉史官，我們也不敢斷定。據我看，作《左氏春秋》的人不見得是史官，因史官是國家所設，比較的保守性多，創作性少；但也不敢確定。若是一個史官，則實是一個最革命的史官了。魯《春秋》和《竹書紀年》大概是同一體裁，都是史官所記，和《左氏春秋》不同。《左氏春秋》的範圍很廣，文章自出心裁，描寫史蹟，帶有很濃厚的文學性質。眞的史家開山祖，當然要推崇這個作者了。這作者的姓名事變雖待考訂，而這部書的價值應該抬高。因爲自這部書出現以後，史學的門徑才漸漸打開了。《史記》稱孔子《春秋》以後，有《左氏春秋》、《虞氏春秋》、《呂氏春秋》、《鐸氏微》，都是承風後起的。現在只有《呂氏》、《左氏》二種，餘皆不存。那些若和《呂氏》一樣，不能說；若和《左氏》一樣，應屬史家之類。漢初有一位史家，名叫陸賈，著了一部《楚漢春秋》。可惜那書不傳，不知內容怎樣。——以上諸家，都脫不了《春秋》的窠臼。

以下就是司馬遷作《史記》，史學因之轉變方向。《史記》這書的記載並不十分眞確，南宋以後，有許多人加以攻擊；但是無論如何，不能不承認是一種創作。他的價值全在體裁的更新，捨編年而作紀傳書表；至於事迹的擇別，年代的安排，他是沒有工夫顧到的。自司馬遷以後，一直到現在快出版的《清史》，都用《史記》這種體裁，通稱正史。自《隋志》一直到最近的各種《藝文志》和藏書目，史部頭一種就是正史，正史頭一部就是《史記》。雖說編年體發達在先，但紀傳體包括較廣，所以唐人稱爲正史。普通人以爲紀傳體專以人爲主，其實不然。《史記》除紀傳以外，還有書表。表是旁行斜上，仿自周譜；但周譜只有譜，《史記》則合本紀列傳書表在一起，而以表為全書綱領，年代遠則用世表，年代近則用年表，月表，或年經國緯，或國經年緯，體例很複雜。本紀是編年體，保存史官記載那部分。書八篇是否司馬遷原文，做得好不好，另一問題；但書的內容，乃是文化史，不是單講個人。《史記》八書所範圍的東西已很複雜，後來各史的書志，發展得很厲害。如《漢書》的〈藝文志〉，《隋書》的〈經籍志〉，《魏書》的〈釋道志〉7，多麼寶貴。所以紀傳體的體裁，合各部在一起，記載平均，包羅萬象，表以收複雜事項，志以述制度風俗，本紀以記大事，列傳以傳人事，伸縮自如，實在可供我們的研究。我們不能因近人不看志表，也罵紀傳體專替古人做墓誌銘，專替帝王作家譜。我們盡可依各人性之所近去研究正史。如《晉史》好敘瑣碎事，滑稽語；《元史》多白話公文；這都保存了當時原形，這都因體裁的可伸可縮，沒有拘束。所以司馬遷創作這種體裁，實在是史學的功臣。就是現在作《清史》，若依他的體裁，也未嘗不可做好，不過須有史學專家，不能單靠文人。自從他這個大師打開一條大路以後，風起雲湧，續《史記》者有十八人；其書雖不傳，但可見這派學風在西漢已很發達了。

　司馬遷以後，帶了創作性的史家是班固，他作的《漢書》，內容比較《史記》還好；體裁半是創作，就在斷代成書這點。後來鄭樵罵他毀滅司馬遷的成法，到底歷史應否斷代還有辯論的餘

7 〈釋道志〉，《魏書》原作〈釋老志〉。

地，但斷代體創自班固則不可誣。從此以後，斷代的紀傳體，歷代不絕，竟留下了二十餘部。稱中國歷史，必曰《二十四史》。《二十四史》除《史記》外，都是斷代的紀傳體。談起這體的開山祖，必曰班固。所以班固須占史家史的一段。

再次是荀悅，即《漢紀》的作者。史的發達，編年在先，紀傳在後。司馬遷以前，全是編年；以後，紀傳較盛，但仍感有編年的必要。《漢紀》即編年體，荀悅的地位同於班固。班固變通代的紀傳體為斷代的，荀悅也變通代的編年為斷代的。所以荀悅也須一敘，以表示這種趨勢。

第一期的史家有這麼多，也有一等二等之分。經過這一期以後，「千岩競秀，萬壑爭流」的，史家多極了。據劉知幾的計算，自東漢到唐初不下百餘家，這是史學極盛時期。單是《晉書》就有十八家做過，自唐代官修《晉書》出而十八家全廢。此外宋齊梁陳北魏北周北齊以及稍前的五胡十六國，或編年，或紀傳，無不有史，即無不有史家。但那時著作，多半因襲，沒有創作。自唐初以前，作者或兼史官，或以私人作史而後來得國家的幫助，國家把他當史官看待，或竟用私人力量著成一書，這都受司馬遷、班固的影響。這些人和唐以後不同，都是一個人獨立作史，或父子相傳，或兄弟姊妹同作。他們的成功與否，成功的大小，另是一問題；但都想自成一家之言，不願參雜別人的見解，和唐後官修史書完全異致。

唐以後，史學衰歇，私人發宏願作史家的很少。國家始設立館局，招致人才，共同修史。這種制度，前代也許有，但都是暫時的；到唐代才立為法制，但有很多毛病，當時劉知幾已太息痛恨，而終不能改。劉知幾是史官中出類拔群的，孤掌難鳴，想恢復班固的地位而不可能，只好悶煩鬱結，著成一部講求史法的《史通》。他雖沒有作史的成績，而史學之有人研究，從他始。這好像在陰霾的天氣中打了一個大雷，驚醒了多少迷夢，開了後來許多法門。這可以讓第三部分講。

宋朝有好幾部創作：⑴歐陽修的《新五代史》，好不好，另一問題，但在史家的發達變遷上，不能不推為一個復古的創作者。他在隋唐五代空氣沉悶以後，能夠有自覺心，能夠自成一家之言，不惟想作司馬遷，而且要作孔子，這種精神是很可嘉尚的。他在《新五代史》以外，還和宋祁同修了《唐書》。《唐書》的志這部分是他做的，很好，只有《明史》的志可和他相比。表這部分，如《宰相世系表》也算創作。所以，歐陽修所著的書，不管他好不好，而他本人總不失為「發憤為雄」的史家。⑵司馬光的《資治通鑑》，價值不在《史記》之下。他的貢獻，全在體裁的創作。自荀悅作《漢紀》以後，袁宏作《後漢紀》，干寶作《晉紀》，都是斷代的編年體。到《資治通鑑》才通各代成一史，由許多史家分擔一部，由司馬光綜合起來。簡繁得宜，很有分寸；文章技術，不在司馬遷之下。先頭作了《長編》，比定本多好幾倍；後來又另作《考異》，說明去取的來由，作《目錄》，提挈全書的綱領：體例極完備，《考異》的體例尤其可貴。我們學古人著書，應學他的方法，不應學他的結果。固然考異的方法，司馬光也運用得不曾圓滿，我們還可糾正；但不相干，只要他能夠創作這種方法，就已有莫大的功勞。自有此法以後，一部史書著成，讀者能知道他去取的原因，根據的所在。所以司馬光在史學的地位，和司馬遷差不多相等。⑶司馬光附屬的第二流史家是朱子，朱子就《資治通鑑》，編成《通鑑綱目》，雖沒有做好，自不失為小小的創作。他改直敘的編年體為和《春秋左氏傳》一樣的綱目體，高一格為綱，低一格為目。其注重點在綱，借綱的書法來發揮他的政治理想，寓褒貶之意，他最得意的地方，如三國的正統改魏為蜀等，其實沒有多大關係；其好處在創造綱目體，使讀者一看綱就明白一個史事的大概。這種體裁還可運用到編年以外的體裁，紀傳可用，書志也可用。如後來錢子文《補漢兵志》，錢德洪作《王陽明年譜》，就用這體。這體的好處，文章乾淨，敘述自由，看讀方便。但創造這體的人是誰，還有問題。《元經》若是王通或阮逸所作，則這體是他們所創，但不可靠。無論如何，用綱目體來作史，自朱子起，則可無疑，所以朱子可稱史家。⑷朱子前一點，最偉大的是鄭樵。他以為歷史如一個河流，我們若想抽刀斷水，是不可能的，所以以一姓興亡為史的起訖，是最不好的。因此，創作一部《通志》，上自極古，下至唐初。這種工作，梁武帝和他的臣子也曾做過，《隋志》載他們作的《通史》有四百八十卷，可惜不傳，不知其內容怎樣。鄭樵在史學界，理論上很有成績，實際上的工作如作《通志》可謂大失敗。《通志》的運氣好，至今仍保存。後來史學家批評他，紀傳一大堆盡可焚毀，因為全抄各史，毫無新例，只有《二十略》可看。他所以不致失傳，也許因為有《二十略》的成功。《二十略》貫通各史書志，擴充文物範圍，發明新穎方法，在史學界很占著地位，足令鄭樵不朽。⑸此外為袁樞的《通鑑紀事本末》。這書就《資治通鑑》的史事，摘要歸類，各標一題，自為起訖。論他紀事，大小輕重，頗覺不倫；論他體例，在紀傳編年之外，以事的集團為本位，開了新史的路徑，總不愧為新史的開山。⑹還有蘇轍、呂祖謙一派的史論家，對於史事下批評。此種史論，《隋志》已載有《三國志評論》等書，惜已失傳，不知其是評史事是評史書。從前紀傳體每篇末尾必有幾句短評，但沒有專門評論的。宋朝有許多專門作史評家的，在史學界有相當的地位。(7)還有羅泌作《路史》，敘先秦以前，選擇資料最不精嚴，但用的方法很多，有許多前人所不注意的史蹟他也注意到，在史學界也有點價值。(8)吳縝作《新唐書糾繆》、《新五代史糾繆》，雖專用以攻擊歐陽修，但間接促起史家對於史事要審查眞僞的注意，開後來考證史事一派，關係比前二種重要得多。——人們只說宋朝理學發達，不知史學也很發達。

一到元明，簡直沒有史家，史官修的《宋史》、《元史》都很糟。中間只有金遺民元好問專門搜羅文獻，以史爲業，可謂有志之士。明朝有許多野史，卻沒有一個眞的著作家。清朝的史學，各種都勃興，但大體的趨向和從前不同，留在第四部分講近代史學界趨勢時講。史家的敘述就此停止。

第三部分講史學之成立及其發展。凡一種學問，要成爲科學的，總要先有相當的發展，然後歸納所研究的成績才成專門。先頭是很自由的發展，茫無條理；後來把過去的成績整理，建設科學：沒有一種科學不是如此成立的。所以一個民族研究某種學問的人多，那種學問成立也更早；若研究的人少，發達也更遲。自成爲科學以後，又發現許多原則，則該科學更格外發展。先有經驗，才可發現原則；有了原則，學問越加進步。無論哪門學問，其發達程序皆如此。史學在中國發達得最厲害，所以成立得也最早，這也是和各科學發達程度相同。

又從旁一方面看。凡一種學問，當其未成立爲科學以前，範圍一定很廣，和旁的學問分不清；初成科學時，一定想兼併旁的學問。因爲學問總是有相互的關係，無論何學皆不能單獨成立，所以四方八面都收納起來。後來旁的學問也漸漸成爲科學，各有領土，分野愈分愈細。結果，要想做好一種學問，與其採帝國主義，不如用門羅主義：把旁的部分委給旁的學問，縮小領土，在小範圍內，盡力量，越窄越深。——全世界學問進化分化的原則如此。中國人喜歡籠統的整個的研究，科學的分類很少。這也不能說不好，不見得要分才是好。現在德國人做學問，分得很細；英國人則帶海洋性，什麼都含混點：兩方面各有好壞。但爲研究學問的便利起見，分得精細也有好處。因爲要想科學格外發展，還是範圍縮小，格外經濟。中國史學成立以後的最大趨勢就如此。最初很寬，以後愈趨愈細。從前廣大的分野，只能認爲有關係的部分；把範圍縮小到自己所研究那一點。

中國史學的成立與發展，最有關係的有三個人：一、劉知幾；二、鄭樵；三、章學誠。此外很多史家，如上文所講在史學方面，零零碎碎，都講了些原理原則，把史學的範圍意義及方法，都各各論定了。但在許多人裏邊，要找出幾個代表時代特色而且催促史學變化與發展的人，就只有這三個。他們都各有專著討論史學。劉知幾有《史通》；鄭樵有《通志總序》及《二十略序》；章學誠有《文史通義》及《湖北通志》、《永清志》、《亳州志》、《和州志》各序例。此三人要把史學成爲科學，那些著作有很多重要見解。我們要研究中國史學的發展和成立，不能不研究此三人。此三人的見解，無論誰都值得我們專門研究。現在只能簡單的講些他們的特點何在。

先講劉知幾。劉知幾的特點，把歷史各種體裁分析得很精細；哪種最好，某種如何作法，都講得很詳明。他的見解雖不見得全對，但他所批評的有很大的價值。⑴史學體裁，那時雖未備，而他考釋得很完全；每種如何作法，都引出個端緒，這是他的功勞。⑵他當代和以前，史的著作，偏於官修，由許多人合作，他感覺這很不行，應該由一個專家拿自己的眼光成一家之言。他自己做了幾十年的史官，身受官修合作不能成功的痛苦，所以對於這點發揮得很透徹。⑶史料的審查，他最注重。他覺得作史的人，不單靠搜集史料而已，史料靠得住靠不住，要經過很精嚴的審查才可用。他膽子很大，前人所不敢懷疑的他敢懷疑。自《論語》、《孟子》及諸子，他都指出不可信的證據來。但他不過舉例而已，未及作專書辨僞，而且他的懷疑，也許有錯誤處。不過他明白告訴我們，史事不可輕信，史料不可輕用。這是劉知幾所開最正當的路。其他工作還很多，舉其著者，有此三條。

鄭樵成績最大的：⑴告訴我們，歷史是整個的，分不開。因此，反對斷代的史，主張作通史，打破歷史跟著皇帝的觀念。歷史跟著皇帝，是不妥當的。歷史如長江大河，截不斷，要看全部。鄭樵主要工作在作《通志》，雖未成功，或者也可以說是已失敗，但爲後學開一門徑，也是好的。⑵他把歷史的範圍放大了許多。我們打開《二十略》一看，如六書、七音、氏族、校讎、圖譜，從來未收入史部的，他都包攬在史學範圍以內。⑶他很注重圖譜，說治史非多創圖表不可。他自己作的書表很多，表式也很有新創，圖雖沒有做多少，但提倡得很用力。——這三點是鄭樵的貢獻。

章學誠，可以說，截至現在，只在他配說是集史學之大成的人。以後，也許有比他更大的發展。但有系統的著作，仍以《文史通義》為最後的一部。他的特色：⑴他主張史學要分科。以為要作一國史尤其如中國之大，絕不能單講中央政治，要以地方史作基礎。所以他對於古代歷史的發展，不單看重中央的左史右史，還看重地方的小史。史的基本資料，要從各種方志打底子。從前作史專注意中央政治的變遷，中央政府的人物，中央制度的沿革。章學誠把歷史中心分散，注意一個一個地方的歷史；須合起各地方志，才可成為眞有價值的歷史。史官作史，須往各地搜羅文獻；即自己非史官，也應各把地方文獻搜羅：方志與歷史，價值是相當的。⑵他不注意史料的審查和別擇，因為前人已講得很清楚；他專提倡保存史料的方法。他以為史部的範圍很廣——如六經皆史——什麼地方都是史料，可惜極易散失。所以主張中央和地方都應有保存史料的機關，中央攬總、府、州、縣，各設專員。關於這種制度和方法，他講得很精密。關於史料的總類，也有條理的駕馭。他所作的方志，常分志、掌故、文徵三部：志是正式的史書；掌故及文徵，保存原始史料。倘使各家方志都依他的方法，歷代史料必不致缺乏。他以為保存史料的機關，須用有史學常識的人，隨時搜集史料，隨時加以審查而保存之，以供史學的探討。至於如何別擇，如何敘述，各家有各家的作法，和保存史料的機關不相干。關於這一點可以說是章學誠的重要主張。在中國一直到現在，還沒有這種機關，從前有所謂皇史宬實錄館，雖也可說是保存史料用的，章學誠以為不行，因為那只能保存中央這一部分的史料。至於正史以外，各行政官都有機關，範圍又很大，不單保存政治史料，各種都保存，實在是章學誠的重要發明。這種方法，在中國不過一種理想，未能實行；在外國也做不到，只由博物院及圖書館負了一部分責任而已。章學誠把他看做地方行政的一種，一層一層的上去，最高有總機關管理，各地方分科，中央分部，繁重的很。要把這種畫一的章程通行起來，過去的事迹一定可以保存很多。但他的辦法也未完備，所保存的只是紙片，沒有一點實物，方法也不精密，我們盡可補充改正。(3)他主張，史家的著作，應令自成一家之言；什麼學問都要納到歷史方面去；做史家的人要在歷史上有特別的見解，有他自己的道術，拿來表現到歷史上：必如此，才可稱爲史家，所作的史才有永久的價值。所以關於史學意義及範圍的見解都和前人沒有相同的地方；他作史也不單敘事，而須表現他的道術。我們看《文史通義》有四分之一或三分之一是講哲學的，此則所謂歷史哲學，爲劉知幾、鄭樵所無，章學誠所獨有，即以世界眼光去看，也有價值。最近德國才有幾個人講歷史哲學；若問世界上誰最先講歷史哲學，恐怕要算章學誠了。

以上把三個人重點之點略講了講，還有中國普通相傳下來的歷史觀念，三個人都有相當的貢獻。第一點，史與道的關係。第二點，史與文的關係。

中國史家向來都以史爲一種表現道的工具。孔子以前，不知如何。《春秋》即已講微言大義，董仲舒說「春秋文成數萬，其指數千。」司馬遷《史記・自序》和〈報任安書〉都說「亦欲以究天人之際，通古今之變，成一家之言」，此種明道的觀念，幾千年來，無論或大或小，或清楚，或模糊，沒有一家沒有。所以很值得我們注意。明道的觀念，可分兩種：一，明治道；二，明人道。明治道是借歷史事實說明政治應該如何，講出歷代的興衰成敗治亂的原因，令後人去學樣。明人道，若從窄的解釋，是對於一個人的批評、褒貶，表彰好的令人學，指摘壞的令人戒。若從廣的解釋，是把史實羅列起來，看古人如何應付事物，如何成功，如何失敗，指出如何才合理，如何便不合理。這種若給他一個新名詞，可以叫作「事理學」。西洋人注重人同物的關係，所以物理學很發達。中國人注重人同人的關係，所以事理學很發達。《資治通鑑》便是事理學的代表，善言人情事理，所以向來稱讚他「讀之可以益人神智」。《續資治通鑑》就夠不上。關於這一點，現在比從前一天一天的少有適用，但仍有效力。從前自秦始皇到清宣統，政治環境及行爲，沒有多大變遷，所以把歷史事實作爲標準，相差不遠。司馬光作《資治通鑑》，所求得的事理標準，所以可供後人資鑑，就因這個緣故。現在雖不能說此種標準已無效，也不能說與從前一樣有效，只可以說效力減了許多，各門的條文許多還可應用。如何才可富國，如何才可利民，水利如何興，田賦如何定，至今仍不失其爲標準。至於應用政治的方法，對付外交的手段，從前雖很有標準，現在因環境變遷，政體改易，就無效力；縱使有，也很少了：治道方面如此。人道方面，到現在，到將來，從前的事理標準仍很有效。這點注重明道的精神是中國人的素秉，我們不能放鬆的。至於窄義的人道方面，褒貶善惡，從前的史家看得很重，而劉知幾、鄭樵、章學誠看得很輕。前述的記載史事以爲後人處事接物的方法，則各派史家皆如此。

簡單說，這種態度，就是把歷史當做「學做人」的教科書，劉鄭章三人對此點很注重，其餘各人對此也很注重，即非史家亦很注重。譬如曾國藩、胡林翼的功業偉大，若依外國史家的眼光，只注重洪楊之亂如何起，曾胡如何去平定他。其實我們讀歷史，要看他們人格如何，每事如何對付，遇困難如何打破，未做之前如何準備，這一點比知道當時呆板的事實還要重要。洪楊之起滅及曾胡之成功，已成過去，知道又有何用處？我們讀史，看曾胡如何以天下爲己任，如何磨練人才，改革風氣，經萬難而不退轉，領一群書呆子，自己組織了無形的團體，抗起大事來做，各省不幫他而反加以掣肘，他們以一群師友感激義憤，竟然成功：此種局面，在中國史上是創見。我們要問爲什麼能如此，此即人道學事理學的研究。看歷史的目的各有不同：若爲瞭解洪楊之亂，當然注重戰爭的眞相和結果；若爲應付世事，修養人格，結交朋友的關係，則不可不注重人與人相與的方面。

中國史注重人的關係，尤其是紀傳體。近來的人以爲這種專爲死人作傳記，毫無益處。其實中國史確不如此，作傳乃是教人以應世接物之法。誠然，有許多事實含了時代性，可以省略；但大部分不含時代性。所以中國史家對於列傳的好不好，與將來有沒有利益，很有斟酌，不肯輕懈。一個人所做的事，若含時代性，則可以省略；若不含時代性，在社會上常有，則不能不注重。這要看史家眼光和手腕如何，史書的價值也隨之而定。——總說一句：這種以史明道的學術之發達及變遷，爲研究中國史學史所不可不注重之點，在外國是沒有的。

其次，史與文的關係。中國文看得很重，孔子已說「文勝質則史」。史體與文有重要的關係。全書如何組織，才算適當，劉鄭章三家講得很多，旁人亦講得不少。一篇文章如何組織，劉鄭章三家講得很多，韓愈、柳宗元一般文人也講得不少。章學誠作《文史通義》，文和史在一塊兒講。關於史的文如何作法，章氏有許多特別見地。雖其所講方法所作體例，我們看去似係他自創，他卻說都有所本，實則一部分自前人，一部分還是他自創。如講敘事方法，從前作傳專敘個人，他可常常以一事做傳名。如《湖北通志檢存稿》，非人的傳有許多，把人的事含在一起。又或傳中有表，也是前人文裏所不敢參雜的。諸如此類，對於文的史，史的文，發揮得很透徹。這種講史與文的關係，往後很發展，但可以以章學誠為一結束。——以上講第三部分——中國史學之成立及其發展——完。

第四部分應該講最近中國史學的趨勢，有許多好的地方，有許多不好的地方。最近幾年來時髦的史學，一般所注重的是別擇資料。這是自劉知幾以來的普通現象，入清而甚盛，至今仍不衰。發現前人的錯誤而去校正他，自然是很好的工作。但其流弊乃專在瑣碎的地方努力，專向可疑的史料注意，忘了還有許多許多的真史料不去整理。如清代乾嘉學者，對於有錯字的書有許多人研究，對於無錯字的書無人研究。《荀子》有錯字，研究的有好幾家，成績也很好。《孟子》無錯字，研究的便很少。此可以說是走捷徑，並非大道。其實讀《孟子》、《荀子》的目的在瞭解孟子荀子的學術，以備後來拿來應用。若專事校勘考證，放著現成的書不讀，那就不是本來的目的了。

還有一種史料鉤沉的風氣。自清中葉到現在，治蒙古史很時髦。因《元史》太簡陋，大家都想方法，搜出一條史料也很寶貴。近來造隴海鐵路，發現了北魏元氏百餘種墓誌銘，好寫字的人很高興，治史的人也高興。因為《魏書・宗室傳》缺了一卷，治史的人便根據那些墓誌銘來補起來。其實《魏書》縱不缺略，大家也沒有這們好的精神去看〈宗室傳〉。近來史學家反都喜歡往這條補殘鉤沉的路走，倒忘了還有更大的工作。

還有一種，研究上古史，打筆墨官司。自從唐人劉知幾疑古惑經以後，很少人敢附和，現在可附和他了不得。這種並不是不好，其實和校勘、輯佚，無異。譬如鄭玄箋注的《毛詩》、《三禮》已夠研究了，反從《太平御覽》、《冊府元龜》去輯鄭注《尚書》和《易經》，以為了不得。乾嘉以來的經學家便是這樣風氣。其實經學不止輯佚，史學不止考古。

推求以上諸風氣，或者因受科學的影響。科學家對於某種科學特別喜歡，弄得窄，有似顯微鏡看原始動物。歐洲方面應該如此，因為大題目讓前人做完了，後學只好找小題目以求新發明，原不問其重要與否。這種風氣輸入中國很厲害。一般學者為成小小的名譽的方便起見，大家都往這方面發展。這固然比沒有人研究好，但老是往這條捷徑走，史學永無發展。我們不能不從千真萬確的方面發展，去整理史事，自成一家之言，給我們自己和社會為人處事作資治的通鑑；反從小方面發展，去做第二步的事：真是可惜。不過這種大規模作史的工作很難，因為儘管史料現存而且正確，要拉攏組織，並不容易。一般作小的考證和鉤沉、輯佚、考古，就是避難趨易，想僥倖成名，我認為病的形態。真想治中國史，應該大刀闊斧，跟著從前大史家的作法，用心做出大部的整個的歷史來，才可使中國史學有光明，發展的希望。我從前著《中國歷史研究法》，不免看重了史料的搜輯和別擇，以致有許多人跟著往捷徑去，我很懺悔。現在講《廣中國歷史研究法》，特別注重大規模的作史，就是想挽救已弊的風氣之意。這點我希望大家明白。

寅、社會科學史的作法（略）

卯、自然科學史的作法（略）

己、文學史（略）

庚、美術史（略）

第五章　文物專史作法總說

本來想在這一學年內講完《廣歷史研究法》，現在只講了一半，時間不許再講下去了。本來想把文物專史的作法都詳細講，因爲有些方法還不自滿，所以上文有的講了作法，有的沒有講作法，有的連大略都不曾講，只好待將來續補，現在總講一章文物專史的作法，做個結束。

文物專史的工作，在專史中最爲重要，亦最爲困難，和其他四種專史——人、事、地方、時代——的作法都不相同。其他專史，應該由史學家擔任。文物專史，與其說是史學家的責任，毋寧說是研究某種專門科學的人對於該種學問的責任。所以文物專史一方面又是各種專門學問的副產物。無論何種學問，要想對於該種學問有所貢獻，都應該做歷史的研究。寫成歷史以後，一方面可以使研究那種學問的人瞭解過去成績如何，一方面可以使研究全部歷史的人知道這種學問發達到何種程度。所以說，文物專史不單是史學家的責任，若是各種專門學者自家做去，還好些。譬如經濟史中的貨幣史，要作得好，單有歷史常識還不行；最少要懂得貨幣學、近代經濟學，以及近代關於貨幣的各種事項，然後回頭看中國從前貨幣的變遷，乃至歷代貨幣改革的議論，以新知識新方法整理出來；凡前人認爲不重要的史料或學說，都敘述上去——這種貨幣史才有精采。貨幣學比較的範圍不很窄，尚且應有常識做基礎，非有專門研究的人不能作專史。若作中國音樂史，尤其非用專門家不行。我們外行的人若去做，用功雖苦，還是不瞭解，許多重要的資料，無法取去。又如作文學史，要對於文學很有趣味，很能鑑別的人才可以做。他們對於歷代文學流派，一望過去即知屬某時代，並知屬某派。譬如講宋代詩，哪首是西崑派，哪首是江西派，文學不深的人只能剿襲舊說，有文學素養的人一看可以知道。再如書法史，寫字有趣味的人，書碑很多，臨帖很多，一看古碑帖就知其眞僞及年代。就是我自己，隨便拿個碑版來，不必告訴時代給我，不必有人名朝號可旁證，我都可以指出個大概的年代。所以假使要作書法史，也非有素養不可，否則絕難做好。關於文物專史，大概無論哪一部門，都是如此。所以作文物專史，不可貪多，想一人包辦是絕對不成的。只能一人專做一門，乃至二門三門爲止，而且都要有關係因緣才可以兼做。如作美術史，順帶作書法史、雕刻史，或合爲一部，或分爲三部，還勉強可以做得好，因爲那三部都有相互的關係；但必須對於三部都有素養的人，才可以做得好。想作文物專史的人，要對於自己很喜歡的那部分，一面作史，一面做本門學問，歷史是他的主產物，學問是他的副產物。研究科學的人固然也有不作歷史研究而能做好學問的，如果對於歷史方面也有興味，學問既可做好，該科學史也可做好。所以研究歷史的人，一方面要有歷史常識，一方面要於歷史以外有一二專門科學，用歷史眼光把中國過去情形研究清楚，則這部文物專史可以有光彩。因此，所以不能貪多，若能以終身力量作出一種文物專史來，於史學界便有不朽的價值。不貪多，一面治史，一面治學，做好此種專史時，可以躊躇滿志。至於其他如人的專史，事的專史，則一個人盡可以做許多。——這是講作文物專史的先決問題，一須專門，二須不貪多，實在也只是一義。

其次，關於搜集資料，比其他專史困難得多。其他專史雖然也不單靠現存的資料，但其基本資料聚在一起，比較的易得。如作一人的專傳或年譜，其人的文集是基本資料，再搜集其他著作，大段資料可以得著；和他有關係的人的著作，範圍相當的確定。無論其人方面如何多，如何複雜，作專史或年譜都可以開出資料單子，很少遺漏。至於事的專史，在公文上，專記上，文集上，資料的範圍也比較的有一定。文物專史則不然，搜集資料，再困難沒有了。若是歷代書志有專篇，或九通中有此一門，前人做過許多工夫的，比較的還有相當的資料，但仍舊不夠。即如經濟之部，各史食貨志及《九通》關於食貨一門，固然可以得若干基本資料，但總不滿足，非另求不可。書志及《九通》有了尚感困難，若沒有又如何？如書法、繪畫，在史書中，毫無現存的資料。現在講畫史的，雖有幾本書，而遺漏太多。作這類專史，資料散漫極了。有許多書，看去似沒有關係，但仔細搜求，可以得許多資料。如講經濟狀況，與詩歌自然相隔很遠，其實則不然。一部詩集，單看題目，就可以得許多史料。詩是高尚的，經濟是齷齪的，齷齪狀況可在高尚中求之，有許多狀況，正史中沒有而詩集中往往很多。作經濟史，不一定要好詩集。詩雖作得不好，而題目、詩句、夾注，往往有好史料。詩與經濟相隔這麼遠，尚有這麼多史料；所以作文物專史，無論什麼地方都有好資料。不過也不是凡有資料都可以用，需要披沙揀金，所以不能心急。眞要成功，要費一世工夫。出版的早晚，沒有關係。預備盡生平的心力，見到資料便抄下來，勤筆勉思，總有成功的一日。我很糟，在床上看書，看見了可用的資料，摺上書角，不能寫下來，另日著書要用這種曾經看到的資料，大索天下，終不可得。所以此類工作，需要非常勤勉，不嫌麻煩。記下一點資料，固然沒有用處；記得多了以後，從裏邊可以研究出多少道理來。顧亭林作《日知錄》，旁人問他近來作了幾卷，他說別來數年不過得了十餘條，抄別人的書如搜羅破銅爛鐵，自然容易，我是精思謹取，如上山開礦，所以很難。顧氏作《日知錄》的方法，起初看見一條，札記了，若干年後，陸續札記了許多相類的資料，加以思想，組織為一條。我們作文物專史，非如此耐煩不可。鄉先輩陳蘭甫先生死了以後，遺稿流傳出來，一張一張的紙片，異常之多，都是在什麼書看見了兩句，記出來以後，又加上簡短的按語。新近廣東有人搜得了六千多片，都一般大小，實則他一生的紙片，不知有好幾百萬張。我正打算設法找來，整理一下，可以看出他治學的方法。我們認眞想做好的著述，尤其是關於文物專史方面的，非做此種工夫不可。有如蜜蜂採花，慢慢的製成極精的蜜糖，才是有價值的著作。文物專史之所以難做，這是一點。

中間還有鑑別史料的工作，前回講過，近來史學界都趨重這一點，帶了點取巧的性質。我們所希望的，不在考訂眞僞，考不出來也沒有關係。如明建文帝到底是燒死的還是逃去做和尚的，又如清世祖是病死去還是跑到五臺山做和尚的，他的董妃是否董小宛，我們固然歡迎有人做這種工作，但不希望有天才的人都到這面用工夫，把旁的方面放鬆了。以後的史家，關於搜集方面，要比鑑別方面多下工夫才好。我從前作的《中國歷史研究法》，對於鑑別史料，說的很多，許於近來學風有影響。此是近代學風可喜之中稍微一點不滿意的所在。其餘如鉤沉、輯佚一類的工作也要做。但不要把沒有眞僞問題的現存的史料丟開不管。文物專史也是一樣，而且特別的易犯這種毛病。其所以難做，這是二點。

關於文物專史的作法，各門不同。其公共原則有多少，很難說，然也有幾點很主要的可以說：

㈠**文物專史的時代不能隨政治史的時代以劃分時代**　固然，政治影響全部社會最大，無論何種文物受政治的影響都很大；不過中國從前的政治史，以朝代分，已很不合論理，尤其是文物專史更不能以朝代爲分野。即如繪畫史，若以兩漢畫、三國畫、六朝畫、唐畫、宋畫，分別時代，眞是笑話。中國繪畫，大體上，中唐以前是一個時代，開元、天寶以後另是一個新時代，分野在開元初年。底下宋元混合爲一時代，至明中葉以後另爲一時代。又如近代外交史，不能以明清分，要看外來勢力做標準。葡萄牙人、荷蘭人到中國在明嘉靖以前，爲一時代。嘉靖以後到清道光南京條約另爲一時代，道光到中日戰爭另爲一時代，往後到今日再一時代。外交雖與政治密切，尚且不能以明史清史劃分，何況其他？所以各種文物專史絕對不能依政治史爲分野，而且各種之間亦相依爲分野。譬如繪畫以開元、天寶爲界，畫法則以隋代分；繪畫在北魏不能獨立，畫法在北魏可以獨立，而且可以分初盛中晚。又如詩以唐爲主系，宋以後爲閏系；書法以北魏爲主系，唐爲閏系；詞以宋爲主系，元以後爲閏系；各種文物應劃分的時代都各不同。要作通史，簡直沒有法子說明，因爲要跟著政治走，而有時這個時代文物盛而政治衰，那個時代文物衰而政治盛，絕對不能畫一，一定做不好。譬如宋徽宗的政治很糟，學術更糟，可謂黑暗時代；但從美術方面看，卻光芒萬丈。所以各種專史有一篇一篇單行的必要，尤其是文物專史的時代應以實際情形去劃分。

㈡ **文物專史的時代不必具備**　普通史上下千古，文物專史則專看這種文物某時代最發達，某時代有變遷，其他時代或沒有或無足重輕，可以不敘。例如作外交史，應從很晚的時代起，從前的外交與近代的外交不同。如欲作上下千古的外交史，把春秋的朝聘，漢以後的蠻夷朝服，都敘上去，則失去了外交的本質了。要想做得好，不必貪多，不可把性質不同的事實都敘在裏邊。外交史最早只可從明代起。又如作詩史，也許可以作到宋朝而止，後面可以做一個簡單的結論。這並不是因爲元明清沒有詩，乃是三朝的詩沒有什麼變化。元遺山所謂詩至蘇黃而盡，話是眞的。詩以唐爲主系，以宋爲閏系，元以後沒有價值了。這不過舉一二例，其實文物專史無論哪種都如此，最不可貪多，作上下千古的史。即如還未講到的四川的地方專史，最古的是《華陽國志》，當常璩作志時，的確有作專史的必要；以後歸併到本部，雖有小變動，而對全部沒有多大的影響，所以漢以後的四川可以歸併到本部史講，不必專講。又如雲南，恰好是四川的反面，直到現在還有作專史的價值。自明初沐英平滇，世王其地，清初吳三桂，民國蔡鍔、唐繼堯，都與本部尚未打成一片；中間雖有些時候打成一片，而神氣不屬，不久又分了。又如東三省，自滿人入關以後，作專史的資格已消滅了。最近因日本的勢力侵入，變成特殊的地帶，似乎又有作專史的資格。河南、山東，有史以前可作專史，有史以後是全國的基本，專史資格早已消滅，其地的活動早已不能為所專有。即以河南而論，在商以前，可以說是河南人的活動，周以後成為全國人的活動了。此外各地的專史應從何時代起，至何時代止，要看他的情形來定奪，也不可一時貪多。

㈢ **凡作一種專史，要看得出哪一部分是他的主系，而特別注重，詳細敘述** 不惟前面所講道術史有主系，無論什麼事情的活動，何種文物，都有一二最緊要的時代，波瀾壯闊，以後或整理，或彌縫，大都不能不有個主系閏系的分別。所以作文物專史不要平面的敘述，分不出高低陰陽來。某時代發達到最高潮，某時代變化得最厲害，便用全副精神去敘述。閏系的篇幅少些也沒有關係，說得簡單也沒有關係。主系的內容及派別，卻非弄清楚不可。作道術史，若是漢魏三國六朝的篇幅和先秦一樣多是不行的，先秦要多，以後要少。主系要精要詳，其他可略。作詩史到唐朝，要分得很清楚，多少派，多少代表，一點也含混不得。明朝的詩並不是沒有派別，前七子，後七子，分門別戶，競爭得很利害；但從大處著眼，値不得費多大的力量去看他們的異同。所以作文物專史須用高大的眼光，看哪時代最主要，搜集、鑑別、敘述、抑揚，用全力作去。無論哪種文物，主系並不算多，只有一二處。如作詩以唐為主，則以前以後，都可說明，而讀者可以把精華所在看得清楚。這一點要有鳥瞰的眼光，看出主系，全力赴之，此外稍略也無妨。日本所作的中國文學史，平講直敘，六朝分元嘉、大同，唐分初盛中晚，一朝一朝的分去，一家一家的敘述。

我們看了那種著作，似乎江淹、沈約與陶潛、曹植一樣優劣，其實則相去何啻天淵？若依我的主張，陶曹自然要用重筆，江沈這些二等的資料可以略去。眞會做史的人，要找出幾點，分濃淡高低，才行。若平講直敘，便不好了。無論哪種文物專史都應如此。

㈣ **文物專史又須注重人的關係**　我所講的文物專史，有一部分與社會狀況制度風俗有關，與個人的關係少。除此部分以外，差不多全與個人有關係。歷史是人造出來的。近代談史諸家，因中國作紀傳的人喜歡表彰死者，惹起反動，以爲社會不是英雄造出來的，歷史應該看輕個人。其實固然有些人是時勢造成的，但也有造時勢的英雄。因爲一個出來，而社會起大變化的也常有，而且這種人關係歷史很重要。社會所以活動，人生所以有意義，都因此故。人生若全在社會做呆板的機械，還有什麼意義？政治上，軍事上，人的關係尤爲顯著了。其他各種文物也非無人的關係。如作道術史，羅列各人的學說，固然是必要；然欲描寫中國的道術，必先描寫個人的人格。如朱陸關於《太極圖》的論辯，固然要敘；但道術史最應敘的，還是此二大師的人格，可由日常生活表示出來。向來講王陽明的人，因其事業多，所以在學術以外還講事業；若講到陸象山便把人事方面簡略了。其實陸象山所以能開一派學風，並不單靠幾篇文章，幾封信札；他整個的人格，所做的事業，都很有關係。我們描寫他的人格和羅列他的學說，至少要一樣。對於學術大師如此，對於文學家美術家也要如此。假使主系幾個大文學家，我們不單看他的作品，並注重他的性格，由性格看胸襟及理想，作的史才有價值。這不特大學者如此，經濟方面如唐代的劉晏[8]也如此。唐的經濟和財政在中葉以後，由劉晏一人手定規模，得有很好的結果，他死後幾十年，制度仍然保存。所以作經濟史作到唐中葉，對於劉晏做人如何？才能如何？性格如何？都得詳細敘述，因爲這影響到當時財政很大。——無論哪一方面，關於文物專史，除因社會自然狀態發達以外，有三分之二，都因特別人才產生而社會隨他變化。所以作文物專史，不可把人的關係忽略了。對於有重要關係的人，須用列傳體，敘述其人的生平於史中；但也不似廿四史的列傳以多爲貴，要極有關係的人，才替他作傳，而且目的不在表彰其人，乃因這種文物因他可以表現得眞相出來。

㈤ **文物專史要非常的多用圖表** 圖表，無論何種專史都需要，尤其是作文物專史要用最大精力。圖，或古有，或新製，或照片，搜羅愈富愈好。表在主系，想分析實際情形時，最須應用。閏系方面有許多可以簡單敘述的東西而又不可省略，可以做成表格，看去既不討厭，查考時又很清楚。作表的好處，可以把許多不容易擺在正文內的資料保存下來，不過要費番思想才可以組織成功，很不容易。作一表比作一文還要困難而費工夫，應該忍此勞苦，給讀者以方便。正文有的，以表說明；正文無的，以表補充。

8 「晏」原誤作「炎」。下同。

以上所講，不過擇比較重要的簡單說明一下，實則不應如此陋略。我因時間關係，沒得充分預備，也未講完，不算是正式的講演；不過是零碎的感想而已。我希望對於同學有若干啓發，可以引起研究的興趣和方向。那麼，我預備雖不充分，對同學也不致完全沒有益處。未講完的，下學年或許有機會還可續講，本學年就此結束。

分論四　地方的專史（略）

分論五　斷代的專史（略）

跋

右《中國歷史研究法補編》一部，新會梁任公先生講述，其門人周傳儒、姚名達筆記爲文，都十一萬餘言，所以補舊作《中國歷史研究法》之不逮，闡其新解，以啓發後學，專精史學者也。憶民國十四年九月二十三日，名達初受業於先生，問先生近自患學問欲太多，而欲集中精力於一點，此一點爲何？先生曰：史也，史也！是年秋冬，即講《中國文化史．社會組織篇》，口敷筆著，晝夜弗輟，入春而病，遂未完成！十五年十月六日，講座復開，每週二小時，綿延以至於十六年五月底。扶病登壇，無力撰稿，乃令周君速記，編爲講義，載於《清華周刊》：即斯編也。周君旋以事忙不能卒業，編至〈合傳及其作法〉而止，名達遂繼其後。自三月十八日至五月底，編成〈年譜及其作法〉、〈專傳的作法〉二章。自八月十三日至二十八日，編成〈孔子傳的作法〉以後諸篇。全講始告成文，經先生校閱，卒爲定本。是秋以後，先生弱不能耐勞，後學不復得聞高論，而斯講遂成絕響！《中國文化史》既未成書於前，《史法補編》又未卒述於後，是誠國人之不幸，亦先生所齎恨以終者已！名達無似，有心治史而無力以副之，深愧有負師教！斯編之行世，幸又得與於校對之列，謹誌數言，以示所自，惟讀者正焉。

中華民國十九年五月八日　姚名達

中國考古學之過去及將來

民國十五年秋，先師講學清華，會萬國考古學會會長瑞典皇太子東來，萬國考古學會，開會歡迎之，先師在歡迎席上，講演此題，當時用英文發表，此篇則其中文底稿也。事前先師口述，傳儒筆記，又經先師親手校改，今手澤猶新，而先師之墓木拱矣，悲夫！

民國二十年三月廿日，周傳儒補志。

我不是考古學的專門學者，實在不配講這個題目，但是因爲萬國考古學會會長，瑞典皇太子殿下，光臨敝國，同人爲表敬意起見，囑我把中國考古學之過去及將來，稍爲講講，表示歡迎之意。我勉強把我所知道的，略說幾句，恐怕有許多錯誤的地方，還望各位原諒，並請各位指教。

考古學在中國成爲一種專門學問，起自北宋時代，約當西曆十、十一兩世紀。那個時候，中國的印刷術，已經發明了，而且很進步。中國還有一種專門技術，——搨本，把紙蒙在古器物上頭，能夠把上面的文字花紋，及其他的模形，都摹印出來。這是宋朝以前，早經發明的。一般學者，對於古器物的研究，便利了許多。而且這種知識，可以普及。所以在那個時代，有幾部很有名的著述，到現今還存在。

㈠**當時大政治家兼大文學家歐陽修的《集古錄》**（《四庫總目》稱嘉祐六年成書，即一〇六一年），是書搜羅許多銅器刻文，石器刻文。有些是他自己所收藏的，有些是他自己所親見的，通通摹寫上去，還加了許多考證。

㈡**趙明誠及其夫人李清照**（中國女子會填詞的第一個女文學家）**合著的《金石錄》**（《四庫

總目》稱紹興中一一三一—一一六一表上於朝）。是書體例，與歐書大致相同，不起搜羅更較完備得多。

㈢**薛尚功**的《**鐘鼎彝器款識**》（據曾宏父《石刻鋪敘》，以紹興十四年即西曆一一四四年鐫置公庫）。是書專限於鐘鼎文，與歐趙兩書不一樣。歐趙兩書石刻多，鐘鼎少，是書石刻少鐘鼎多。而且鐘鼎原器的款識，照原樣摹寫出來，是這書特色。

㈣**王象之**的《**輿地記勝**》（自序作於嘉定辛巳，即西曆一〇四一年），這是一部地理書。一地方之後，附錄與地碑目，對於石刻所在的地方，載得很詳細，爲後來分地研究古物的先導。

㈤**聶崇義**的《**三禮圖**》（《四庫總目》稱太祖時詔頒行九六〇—九七五），是書專畫古代器物的圖形，自祭祀的器物，常用的器物以至衣服宮室應有盡有。雖然不能說全都依照原物摹畫，但每樣都是用過一番很細密的工夫去考證，然後才描出來的。

㈥**李誡**的《**營造法式**》（〈自序〉稱哲宗元符三年作竣，即西曆一一〇〇年），是當時一種建築術，不過對於古代的宮室考據得很詳。

㈦**呂大臨**的《**考古圖**》（《四庫總目》稱書成於元佑壬申，即西曆一〇九二年），是書係將古代鐘鼎彝器，按其狀況，令良工繪畫，不失毫髮。縱有文字脫落的器物，仍將式樣繪出保存。收藏人的姓名，皆載在圖說的頭上，或標目的下方。銘識古字凡有異同的，都加以訓釋考證，有不識得的，都附在卷末以示存疑。

㈧**王黼**的《**宣和博古圖**》（《四庫總目》稱書作於大觀初，即西曆一一〇七年），是書搜集歷代自鐘鼎至弩機等共七百十七件，鑑一百一十三件，共八百三十件。所收皆天府藏器，由皇帝及精通籀學之士，共同討論訓釋。考證雖非盡善，形模一點不差。音釋間或有錯誤的地方，字畫完全仍舊。後代的人，可以根據他的圖畫，考知古代鼎彝的狀況及文字。所以是書在考古學上，很有價值。是書從前極難得，現在才印出來。我打算送瑞典王太子殿下一部。

從上面八種書看來，可知在北宋時代，這門學問，極其發達。假使能夠繼續發達下去，到現在不知道進步到什麼程度了。可惜南宋中葉約當十二、十三兩世紀（一一一七—一二七五）以後，降至元明兩代，學風丕變，學者趨重玄談方面，講哲學的人很多，對於這種事業，不大注意，所以衰微下去。到清初又重新恢復起來，乾隆中葉，西曆一七六五年前後，漸漸有人注意了，還不很盛。我們看《四庫全書總目》，關於金石書籍，不過五十八種，金石目三十六種，存目二十二種。

由乾隆中葉以後，直至現在，一百五十年間，這種學問有很猛烈的進步，而且分科研究一天比一天精密下去，著名的學者，已故的如阮元、翁方綱、王昶、孫星衍、錢大昕、瞿中容、李宗瀚、吳榮光、鮑康、陸耀遹、黃易、陳介祺、吳式芬、劉心源、吳大澂、王懿榮、端方、吳雲、潘祖蔭、武億、嚴可均、張廷濟、李遇孫、劉喜海、徐渭仁、楊守敬、畢沅，現在的如羅振玉、王國維、馬衡，這些都是很著名的考古學家。此外還很多，不必細舉了。

這一百五十年來，關於考古學的著作，數目的增加，實在可驚。據我所看見過，認爲很有價值，已經成書的，不下四百種。此外散在文集裏的單篇，關於一部分的考據那種文章，更不計其數。這類著作，大都依著歐趙薛諸人的規模，不過編制較爲精審，分科亦很細密。或將器物的文字，全數錄出；或將器物的原形，照樣摹寫；或劃分種類，專編目錄，在目錄中，記年代，記地方，記何時出土，何地發現，或已失去，或尚保存，諸如此類，記載得很爲詳細。有許多著述，專記一個時代，如像兩漢金石記之類，不止兩漢，歷代都有。有許多著述，專記一個地方，如兩浙金石錄之類。地方的分類，有分到極細，專記一縣的。還有許多著述專記一種金石，或專記所刻書籍，或專記鐘鼎，或專記古錢，或專記古印章，分門別類，樣樣都有。所以近百五十年來，這種進步，實在猛烈，回看北宋時代的著述，反覺得很幼稚了。

我把他們所研究的對象，用來做分類的標準，大概可分四大類。

甲，石類。

乙，金類。

丙，陶類。

丁，骨甲及其他。

以下分四類物，略加說明。

甲、石類

在中國考古學中，以這類爲最大部分，資料極其豐富。現今所存的石刻最古的要算周宣王（西元前八二七至七八八年）的石鼓了。鼓共十個，有一個毀去半邊，現陳列在北京孔廟的大門內。其次要算秦始皇時候（西元前二四六至二一〇年）的六個紀功碑，分擺在直隸山東浙江等處地方，可惜現在六個碑都已佚了。只有山東泰山那塊碑，還剩下十個大字，存放在泰山一個古廟中。西漢前一世紀的石刻，留傳得很少，現存的不滿十種。東漢（後一二世紀）以後，漸漸多起來，降至六朝隋唐（三、四、五、六世紀）那就多極了。近代的石刻現今研究這派學問的人以爲價值甚小，沒有多大注意，研究的集中點，還是在唐朝以前那個時代。這種石刻，主要的部分，可以分爲下列數種：

㈠**石經**　漢熹平，魏正始，唐開成，五代時的蜀國，宋嘉佑，南宋高宗，清乾隆，都有石經。漢魏蜀石經都已亡佚了，不過留下些斷片。現存的石經，在陝西西安府學有唐朝開成時代（西曆八三六—八四〇年）所刻十二經，在北京國子監內有清朝乾隆（一七五〇年後）所刻十三經，這都是儒家經典。此外佛家石經在山東河南等處磨石而刻的很不少。現存最大部的是離北京西北七十里，有個大房山，裏邊有七個洞，把五千卷的佛經，用二千三百餘塊大石頭刻起來。始於北齊訖於遼，前後費了四百年的工作，然後刻成。

㈡**紀功紀事碑**　或記載某時代，某種功德，或記載某種大建築，或記載某人的事業。有的是起一個亭蓋上他，有的是放在大建築的院子裏或其他地方。

㈢**墓誌銘**　這種東西，都是行葬禮的時候用的，埋在地下。墓誌銘上面，記載墓中人一生的事業，一生的經營。

㈣**造像**　此類作品，以六朝隋唐間（三、四、五、六世紀）最多，因爲那時佛教很盛，所以刻佛像的風氣很盛行，到現在留傳下來不少。

㈤石畫　或者畫在大建築內，或者畫在墳墓中，或者畫在橋梁下，大概一種故事，有的刻旁的花紋，表一種象徵的意思。

上述五種，不過略舉梗概，其他刻石的東西尚不少，或在井上，或在橋上，常常有許多刻石，留傳下來。不過講石刻的大宗，仍要算前面那五種，尤以墓誌銘及造像為最多。因為墓誌銘埋在地下，所以陸續出土，每年出土多少，現在雖無統計，但遲一年，就多一年。又因造像刻在懸崖上很高的地方，比較不容易損壞，藉此保全下來的很多，這些石刻我們都用特別的塌本技術，摹塌下來。一個學者，儘管坐在屋內，仍可搜羅完備，所以研究這門學問，很為方便。

他們研究的成績，有下列幾項：

㈠因為這種石刻，歷代都有，所以要研究歷代文字的變化，可以看得很清楚。而且中國人，以寫字當成一種美術看待，許多有名的字，都可保全下來。所以要研究一時代一時代的書風，亦可以看得很清楚。

㈡許多古書，傳下來的文字，有錯誤或異同的地方，在各時代的所刻的石經，或石碑及墓誌銘所引經典，都可以用來作為校勘的材料。

㈢許多過去的歷史事迹，有遺漏的加以補充，有錯誤的加以改正。關於歷史上事迹的考證，這種工作，為這派學者最用力的地方，材料亦很豐富，成績亦很優良。

㈣很古代的畫，沒有法子找尋，但漢代以後的石畫，還可以略窺端倪。因為有這種石畫，可以看出漢朝以後的畫風。而且在他們所畫的東西上，可以看出當時的器物及衣服。又在他們所畫的故事上，可以看出神話的心理。

㈤還有一種造像，可以看出一時代一時代雕刻的變遷。他們所造的像，又因時代而不同，歷代信仰的變遷，亦可以由此看出來。

㈥還有許多特別的石刻，可以因之看出外來宗教之派別，就是已經衰微的宗教，亦可追尋出來。如景教流行中國碑具載基督教的一支流行中國的原委，下段附有敍里亞文，尤爲全世界所罕見。又如開封挑筋教所立寺，有明正德六年（西一五一一年）佚碑，可證猶太教入中國之久。

㈦還有許多邊界刻石，如東部的丸都紀功刻石（魏正始間），新羅眞興王定界碑（陳光大二年），平百濟碑（唐顯慶三年），西部的裴岑紀功刻石（漢永和二年），姜行本紀功碑（唐貞觀十四年），北部的苾伽可汗碑（唐開元二十三年），南部的爨寶子碑（晉大亨四年）等等，可以看出外族與中國交涉之事迹，有助於考史最大。

㈧前述的景教流行中國碑，載基督教傳入中國的事迹，而九姓回鶻紀功碑（中、突厥、粟特三體）又載摩尼教所以由中國輸入回紇的緣故，可以說明東西文化的關係。其餘，唐蕃會盟碑（中回兩體），闕特勤碑（中突兩體），可以看出西域爲東西媒介在中國文化之重要。

㈨許多已經死去的文字，靠這種石刻，我們可以再讀。如居庸關城門洞內，刻了許多畫，還帶著六種文字，近人考訂一爲漢文，二爲西夏文，三爲蒙古國書拔合思巴體，四爲畏兀吾文，五爲梵文，六爲藏文。他如莫高窟造像記，其字迹及年代，亦與居庸關刻石大致相同。西夏文字蒙古國書等文字，因爲與梵文、漢字並列，可以復活認明出來。

(十)有許多很奇怪的刻石，記載契約條文。在內地各省，這種買賣田地的契約，現在發現者很多，可以看出古代民法實在情形。如長慶會盟碑用中藏兩國文字，刻出雙方所訂條約的原文，可以看出當時國際交涉的法律。又此種碑刻，有當時官名人名的音譯，可以看出唐時的古音。

上面所舉十宗，不過簡略的表明，做這種工作，對於歷史上及文化上裨益很大。同石刻相類的東西，還有一宗，現在已經成爲專門的研究，就是玉。因爲中國用玉用得很古，而且所刻花紋很多，可以用玉的式樣及花紋，來定他的時代，亦於考古上有關係，這是要附帶說明的。

乙、金類

金類的東西，包括銅、鐵兩項，而以銅爲主體；因爲鐵器容易壞，所以存者不多；銅器比較堅牢，能夠耐久，所以留傳者極多。最古的銅器，有三代時候的東西，下至秦、漢、魏、晉、隋、唐無代沒有。以前的人，不肯十分注意，所以出土的東西，散佚者甚多。近來對於古物的興趣增加，鑑別的能力，搨印的本事，亦遠非前人所能及。散佚的，就比較少了。這類器物，主要的部分，又可以分爲下列數項：

(一)**鐘鼎文**　在夏殷的時候鑄造鐘鼎之風盛行，所以這類器物很多，最主要的，就是祭品。有做祭禮用的。亦有做陪嫁用的，古代很看重這種東西，所以說，「君子雖貧，不鬻祭器。」我們看春秋時代，許多戰爭同媾和，都以這種東西作條件。所謂「遷其重器」這類事實，異常之多。古代的鐘鼎，陸續出土，陸續喪失去了。我們把宋代歐趙薛三書所載，合算起來，有六百四十三件（根據羅振玉《雪堂叢刻》所列）。其中存留者極少。但後代陸續出土的為數很多，清代著錄所存，共有二千六百三十五件（根據《雪堂叢刻》），這些都在民間。宮庭中所藏，尚不在此數，想來還要多些。武英殿文華殿，及故宮博物院各有一部分，目錄還未編好，此刻尚不能盡舉其數。這種東西，十之八九，在孔子以前，文字很難讀，現因學者努力的結果，幾乎全部可通了。關於研究古代文字的變遷，研究中國文字的源流，這是極重要的資料。其中文字，比較簡單者多，約占十之八九；長篇者少，約占十之一二。我們因為能讀這種文字，對於孔子以前的歷史可以校正許多，對於歷史上的大事，可以補充許多。還有一般社會上的經濟狀況，或民法方面的契約，很可以在裏邊，看出一部分來。所以近六七十年，研究金文的工作，比研究石刻更努力，而且研究金文的效果，比研究石刻更多。

㈡ **古錢** 古錢的研究，在考古學中，由附帶的研究，變為獨立的專科了。現在搜羅古錢最豐富的人，不同樣的錢，在七千種以外。據說最古的，有五千年以前的東西。這話我雖不相信，但減少一點說，三千年或者二千五百年的錢，當然是有的。我們看那種古貨幣，即中國古代交易的媒介物，可以推想到那時的經濟狀況。中世近世以後，一時代有一時代的錢，每一皇帝即位，另鑄新錢。所以看這種錢，質之美惡，量之大小，工作之精粗，各時代的經濟狀況，都可由此看出。還有他們搜羅古錢的人，對於外國輸入的貨幣，亦很注意，不特可以看出本國的經濟狀況，並且可以看出四圍外族同我國的貿易狀況。

㈢ **度量衡** 現今所存的古度量衡，有秦權秦量、漢建初尺、新莽始建國尺、晉前尺、漢量、漢鐘、漢鈁、漢斛，中間除權是金石並用外，其餘都是金屬。我們可以看出歷代度量衡的變遷，最重要的是尺，因爲漢尺、晉尺，可以推算周尺是怎樣，所以研究古器物，古模型，可以得精確的標準。譬如研究古樂器，一面得著晉前尺，一面又得晉的笛譜。我們可以根據尺，依著譜，做晉朝的笛子，與晉人所做一樣。

㈣**古印**　古印有官印、私印兩種。現今收藏古印，亦成爲專門學問了。收藏最多的人，種類在一萬以上。對於這種可以看出古代官名，史書上不載者，印裏邊得著很多。地方名字有更改者，亦可由古印中考出。這些都是主要的用處，還有一種附帶的用處，就是中國人把刻印看爲美術的一種。刻圖章的人，因爲古印的發現，有所觀摩，藝術因而有大大的進步了。

㈤**鏡**　中國古代無玻璃，都用銅鏡，直至唐宋銅鏡還是很盛行，元明以後，漸漸消滅了。現在搜羅銅鏡的人，種類不同者很多，因爲沒有統計，一時舉不出數目來。我們研究銅鏡，看它的花紋，一時代與一時代不同，鏡上所刻動植物，亦不一樣，可以看出雕刻風的轉移，亦可看出中國同外族往來的狀況。因爲受外族的影響，技術上有很大的變遷。

這五樣爲銅器的大宗，此外零碎的東西很不少。如兵符，秦有虎符，唐宋有魚符。從前調兵兩地分符，一半放在地方上或將軍身邊，一半放在皇帝那裏，要調兵時，把這一半拿去合那一半去。符的制度和形狀，一時代與一時代不同，拿來研究，很有趣味。又如殷周的雕戈及矢鏃，或有文字，或無文字。將各種兵器，作時代的比較，很可以看出一部分戰爭的情形。後代兵器用鐵，鐵難保存，所以毀壞了的很多，然銅的戈矛箭鏃，尚有一部保存，再如魏漢晉間的弩機，其構造又與前代迴異，亦為考究古代戰爭情形的好資料。

丙、陶類

陶器可以分為兩大時代，就是近代的磁器與古代的陶器。近代磁器，另外是一種專門學問，屬於美術方面的研究，此處可以不講。古代陶器，又可分為古陶、磚瓦、模範、明器數種。在考古學上，以前兩種關係最大，後兩種關係較輕。

㈠**古陶** 磁器以前的古陶，近來陸續出土的很多。山東方面從前齊魯的地方及直隸易州，新出土一種陶器，多屬鐘類樂器鐙類（祭器）及壺類（酒器），大都破碎，完整者甚少。上面刻有文字，不與普通鐘鼎文字相同，近人考訂為戰國時文字。有地名，如某某里，及工人名，如某某人，惟不能認識的字還很多。這類陶片，正在研究中，將來能夠完全認出來，一定於考古上幫助很大。此外秦時的度量衡，亦有用陶器做成的，上面有文字者，尚可識別。

㈡**磚瓦** 最古的瓦，可以上溯到秦朝。戰國時候的秦人所用的瓦，現今尚可覓得。西漢時代，瓦最多，其上間或印有年代，所以一望而知。至於磚，那更普通了。歷代大建築所用的磚，都有文字，並標明年代。現代搜羅這種古磚，已漸漸成為小小的專門學問了。

㈢**模範** 古代鑄器物所用的模範，現今尚有一部保存，最主要的，就是貨幣的範。漢代的範，間或可以尋得到，後代的範，則很普通。還有最初製造活字版的範，留傳的亦很多。最古的，可以上溯至五代。範的搜集，與磚瓦一樣，亦成為專門研究了。

㈣**明器** 明器，是死者殉葬所用，如俑之類，近來出土的很多。我們看俑的樣子，及所穿衣服，裏邊很有研究的餘地。近代出土的明器，以六朝及唐爲最多。服裝有點與西洋人相彷彿，面貌亦深目高鼻，不似漢人模樣，可以看出古代中西交通的痕迹，可以看服裝上所受影響。其他的器物，奇怪者頗多，爲研究古代社會風俗的絕好資料。

丁、骨甲及其他

自漢以來，一般學者對於三代知識，率皆模糊，不甚瞭解，各種緯書又多怪誕不經的學說，難以憑信。自有骨甲出土，然後殷朝事迹漸有一部明瞭。又西域方面，向來認爲無甚文化可言，自有竹簡發現，然後西域對於中國的關係，逐漸認爲重要。以下分爲兩段，略加解釋。

㈠**骨甲** 考古學界，最近有一種很大的興奮，就是光緒二四、二五兩年（西曆一八九八——一八九九），在河南安陽縣治西五里，即殷墟，出土一大批的骨甲。現在流到歐洲去的很多。中國方面，則羅振玉、劉鐵雲搜羅亦不少。這種東西，初出土的時候，大家不知道做什麼用，文字亦難識別。後來經幾個大學者努力研究的結果，總算認得大半。於是中國小學界——即文字學，起一大革命。從前臆斷許多造字的原意，臆斷錯了的，都可以得相當的改正。還有許多歷史上重大事實，古書上記載大略，令我們看不懂的，或者認爲很荒唐的，都可以得相當的補充及證明。這種東西，孔子所不曾見的，我們居然看見了；孔子所不知，我們知之；孔子說錯了，我們校正。此外則古代的社會風俗、制度、心理，亦可推想許多出來。關於這種文字的研究，現尚在進行中。我們希望再加努力，果能全部認出，所得當不只此。

㈡**竹簡** 自從英人斯坦因（Stein）往西域考查古物，於新疆及中亞細亞一帶發現許多竹簡，就是所謂「流沙墜簡」。這種竹簡，大概都運往歐洲，歐洲人倒是很有研究。我們看竹簡上的記載，與中國有關係的地方很多。最古起兩漢，最近到六朝。綜合研究，一面可以多瞭解西域情形，一面可以多瞭解當時的制度風俗。

石類、金類、陶類、骨甲及其他，這四大類，不過舉其重要的部分，據我感想所到，略說幾端。其他還很多很多，我不是專門家，用不著多講。總計近百五十年來，因爲努力研究的結果，進步很快，雖然所用方法，不過是中國舊有的老法子，在學問上的貢獻，已經不少了。中國考古學界，過去的情形，大致如此。

不過據我看來，考古學還是很幼稚，前途可以發展之處正多，應當努力之處亦不少。從今後，應當本著兩個方向，往前工作去。

第一個方向是發掘。從前這種古器物的出土，都是碰機會，偶然發現出來，寶貝已經很多了。往後要進一步，做有意識的發掘，這類工作，中國完全沒有。近來歐美學者，到中國來做有意識的採掘，成績很佳，於是中國學者，亦感覺有自動採掘的必要。假使中國眞有採掘學者，眞心要想採掘，下列幾個地方很可以值得注意：

㈠**新疆** 近來歐美學者，在新疆方面很用功，已經有很好的成績了。不過據我看來，蘊藏尚富，可以採掘的地方，還很多。因爲那邊是沙漠，變遷劇烈，一個古城，極容易被風沙湮沒下去。

《漢書．西域傳》與《唐書．西域傳》不同，《唐書．西域傳》又與今日的西域不同，其中的緣故，可想而知。假使有具體的計畫，大規模的用功，將來所得的古物，一定比今日還多幾十百倍。

㈡**黃河上游**　黃河上游一帶，古代人多穴居，直到現在，此類穴居的人，還是不少。那邊土質又疏鬆，容易奔裂，我們想像這帶地方湮沒下去的城市，廬舍人畜定不少，所以可發掘的地方，一定異常之多。

㈢**黃河下游**　因爲歷代的黃河，常有潰決的禍患，所以沿河兩岸，湮沒的地方不少。最大的證據，即如民國八年（西一九一九），在鉅鹿地方，發現一所古城，位於今城下面約數丈，裏邊有宋朝徽宗大觀二年（西一一一一年）的石刻，可知是大觀以後湮沒的。我們得了這所古城，好像意大利得著潘沛依（pompeii）一樣，古代的風俗制度的狀況，以及其器物技藝的變遷，都可以看出來。黃河下流，被湮沒的城，絕不止這一個。將來作有意識的發掘，一定還可以發現很多。

㈣**古代墳墓**　極古的墳墓，還有許多的的確確知道在什麼地方，不過中國以發墳爲不道德，養成風氣，難以驟改。將來慢慢改變過來，則有名的墳墓，都可以次第發掘了。民國五年（西一九一六年），在廣東發現南越王趙胡的墳，其中有各種古物，可惜都四處散失了。最有發掘價值的，莫如曲阜孔陵，因爲中國人尊孔，保全得極好。不惟孔子，連孔子的子孫，歷代都葬在這個地方，一點沒有搬動。如把孔子及孔子子孫的墳，通通打開，歷代情形，可以瞭如指掌。那簡直是一個極好的博物院，數千年的歷史，全在裏邊了。

此外古代的大城名都，或經兵燹廢爲故墟，若用人力，稍爲採掘深一點，可以得出很多古物來。不過這種事業，很不容易舉辦。因爲經過的地方很廣，鄉下農民，又多迷信，阻力一定異常之大。一面要等到教育普及，一面要等到政治修明，才能往下做去。現在只能培養人才，預備工具，以後碰著機會，立刻可以舉行。

第二個方向，是方法進步。以前考古學所用的方法，全是中國式。自從歐趙以後，遺傳下來，不過時時有所改良而已。此種方法，好處甚多，然亦不算完全。我們希望將來，全國高等教育機關，要設考古專科，把歐人所用方法，盡量採納。

㈠**舊方法的改良**　例如從前利用器物上的花紋文字，以斷定他的年代，這種方法，當然十分精確。不過遇著器物上沒有花紋文字，那就沒有辦法了。今後應當在他的質料形狀，色澤上尋出標準，縱然沒有文字花紋，亦可以推定他的年代。

㈡**新方法的引用**　例如有地質學的知識，可以用崖層狀況，以判定時代的早晚。有人類學的知識，可以考出頭顱骨骼的派別。這類科學，於考古方面，直接間接，裨益甚大。我們一面要得前人所未得的資料，一面要用前人所未用的方法，從荒榛斷梗中，闢出一塊田園來。

以中國地方這樣大，歷史這樣久，蘊藏的古物，這樣豐富，努力往下做去，一定能於全世界的考古學上，占極高的位置。現今青年學者，很有許多人，在這方面做工作。正好全世界考古學泰斗瑞典皇太子殿下，到中國來，我們希望給我們以很好的指導，給我們以充分的幫助，必能爲考古學界，開一新紀元。這就是同人這一點歡迎的意思。

歷史統計學

歷史統計學，是用統計學的法則，拿數目字來整理史料推論史蹟。這個名稱，是我和我幾位朋友們杜撰的。嚴格的說：應該名爲「史學上之統計的研究法」。因貪省便，姑用今名。但我們確信他是研究歷史一種好方法，而且在中國史學界尤爲相宜。我們正在那裏陸續試驗，成績很是不壞。所以我願意把我們所擬的方法介紹諸君，盼望多得些同志共同做去。

我們爲什麼想用這種方法研究歷史呢？我們以爲：欲知歷史眞相，絕不能單看檯面上幾個大人物幾樁大事件便算完結；最要的是看出全個社會的活動變化。全個社會的活動變化，要集積起來比較一番才能看見。往往有很小的事，平常人絕不注意者，一旦把他同類的全搜集起來，分別部居一研究，便可以發見出極新奇的現見而且發明出極有價值的原則。比方我們看見一兩隻蝴蝶，算得什麼呢？一旦到了動物學者的手裏，成千成萬的蝴蝶標本聚攏起來，綜合一番，分析一番，便成絕大學問。我們做史學的人對於史料之搜集整理，也是如此。

統計學的作用，是要「觀其大較」。換句話說：是專要看各種事物的平均狀況，拉勻了算總帳。近來這種技術應用到各方面，種種統計表出來；我們想研究那件事，只要拿他的專門統計表一看，其相立刻了然。所以《統計年鑑》等類之出版物，眞算是絕好的現代社會史。假如古代也有這

〔說明〕本文為一九二二年十一月十日為南京大學史地學會講學稿，初刊同年十一月十七日《時事新報・學燈》及十一月二十八—三十日《晨報副鐫》，復收入《梁任公學術講演集》第三輯（商務印書館一九二三年九月）及《飲冰室合集・文集》之三十九，文章提倡用統計方法研究歷史。此據《講演集》並參考《合集》本校點。

種東西傳下來，我們便根據著他看出許多歷史上「大較」的眞相，然後究其所以然之故，豈非快事！這種現成飯固然沒得給我們，但我們用自己的努力，也許有許多方面能彌補這種缺憾來。

用統計方法治史，也許是中國人最初發明。《史記》的「表」是摹仿那「旁行斜上」的《周譜》。《周譜》這部書，今雖失傳，想來該是西紀前三四百年人做的。後來歷代正史都有表，給我們留下種種好資料和好方法。可惜範圍還太窄，許多我們想知道「大較」的事件，都沒有用表的形式排列出來。到清初，有位顧棟高先生著成一部五十卷的《春秋大事表》，把全部《左傳》拆碎了，從各方面分析研究，很有統計學的精神。我從小讀過這部書，實在愛他不過。常常想：我幾時能有工夫，定要把全部二十四史照他樣子按著我自己所要研究的目的分類作一部《通表》才算快事哩！我這個心願，懷抱了二十多年；但我很慚愧，到今日還沒有動手。

我想：我們中國的史學家做這件事，便宜極了。因爲我們紙片上的史料是豐富不過的。一切別史雜史文集筆記之類且不必說，就以一部二十四史而論，眞算得文獻寶藏。就學校裏頭學歷史的學生看，固然恨他「浩如煙海」，就我們專門做史學的人看，眞不能不感謝我們先輩給我們留下這大份遺產。我們只要肯在裏頭爬梳，什麼寶貝都可以發現出來。

以上把這種學問的理論大略說明瞭，以下要說我們著手的試驗及其成績。

我多年想作一張表，將二十四史裏頭的人物分類：學者，文學家，政治家，軍人，大盜……等等，每人看他本傳第一句「某某地方人也」；因此研究某個時代多產某種人，某個地方多產某種人。我這計畫曾經好幾次和我的朋友丁文江先生談起，他很贊成。後來他說：先且不必分類，只要把正史上有傳的人的籍貫列下來再說。他自己便幹起來了。現在還沒有完全成功，只是把幾個統一的朝代——漢唐宋明做成了，編出一張很有趣的「歷史人物之地理分配表」如下：

歷史人物之地理分配表

	省別	陝西	直隸	山西	河南	山東
前漢	人數	22	21	10	39	61
	%	10.58	10.10	4.92	18.75	29.33
後漢	人數	73	28	16	170	57
	%	15.81	6.12	3.50	37.20	12.47
漢	人數	95	49	26	209	118
	%	14.96	7.36	3.91	31.34	17.75
唐	人數	248	212	176	203	89
	%	21.60	18.48	15.33	17.68	7.83
北宋	人數	63	212	141	324	156
	%	4.31	14.51	9.65	23.80	10.68
南宋	人數	6	7	17	37	13
	%	0.99	1.16	2.81	6.12	2.15
宋	人數	69	10.60	158	361	169
	%	3.34	1.16	7.65	17.58	8.17
明	人數	80	128	56	123	93
	%	4.51	7.22	3.16	6.94	5.25

	省別	江蘇	浙江	湖北	四川	安徽	江西	湖南
前漢	人數	23	2	7	4	3	1	0
	%	11.06	0.96	3.36	1.92	1.44	0.49	0
後漢	人數	12	14	11	26	24	2	2
	%	2.84	2.99	2.48	5.68	5.25	0.42	0.42
漢	人數	36	16	18	30	27	3	2
	%	5.41	2.40	2.70	4.51	2.06	0.45	0.30
唐	人數	76	32	23	9	19	2	2
	%	6.62	2.78	2.00	0.78	1.65	0.17	0.17
北宋	人數	97	84	19	93	53	81	12
	%	6.63	8.74	1.30	6.36	3.62	5.54	0.82
南宋	人數	49	136	14	71	38	83	12
	%	8.20	22.50	2.32	11.75	6.29	13.40	1.98
宋	人數	146	220	33	164	91	164	24
	%	7.07	10.65	1.60	7.94	4.40	7.94	1.16
明	人數	241	288	76	57	199	204	27
	%	13.61	14.51	4.29	3.21	11.24	11.52	1.52

	省別	福建	廣東	廣西	貴州	雲南	甘肅	奉天（漢人）
前漢	人數	0	0	0	0	0	10	0
	%	0	0	0	0	0	4.92	0
後漢	人數	1	0	1	0	0	17	0
	%	0.21	0	0.21	0	0	3.72	0
漢	人數	1	0	1	0	0	27	0
	%	0.15	0	0.51	0	0	4.06	0
唐	人數	0	3	0	1	0	50	3
	%	0	0.26	0	0.08	0	4.35	0.26
北宋	人數	95	3	2	0	0	19	0
	%	6.50	0.20	0.13	0	0	1.30	0
南宋	人數	88	4	6	0	0	23	0
	%	14.60	0.66	0.99	0	0	3.89	0
宋	人數	183	7	8	0	0	42	0
	%	8.80	0.33	0.38	0	0	2.03	0
明	人數	92	50	13	10	14	23	0
	%	5.19	2.82	0.73	0.56	0.79	1.29	0

省別		內蒙古（漢人）	外族	總數
前漢	人數	3	2	208
	%	1.44	0.96	
後漢	人數	1	1	457
	%	0.21	0.21	
漢	人數	4	3	665
	%	0.60	0.45	
唐	人數	0	40	1,149
	%	0	3.48	
北宋	人數	0	7	1,461
	%	0	0.61	
南宋	人數	0	0	604
	%	0	0	
宋	人數	0	7	2,065
	%	0	0.34	
明	人數	0	14	1,771
	%	0	0.79	

這張表的體例，是將《漢書》、《後漢書》、《新唐書》、《宋史》、《明史》中有傳的人都列出，調查他們的籍貫，分配現今各省。再拿所有的列傳總數，按照各省人數，列出百分比例。例如兩漢通共六百六十五篇傳，河南人二百零九，占百分之三十一零四三；山東人一百一十八，占百分之十七零七五；湖南人只有兩個，占百分之三釐；福建人只有一個，占百分之一釐五。廣東、雲南、貴州一個也沒有。全表以是爲推。我們在這表中，可以看出幾個原則：

㈠**帝都所在地人物往往特多**　例如後漢之河南占百分之三十七而強；唐之陝西占百分之二十一而強；北宋之河南占百分之二十三而強；南宋之浙江占百分之二十二而強；都是居全比例之第一

位。但其中有兩個例外：前漢的陝西，僅占百分之十，居第四位，不惟遠在山東河南之下，而且還在江蘇之下。明的直隸僅占百分之七，居第五位。

㈡**南北升降之迹甚顯著**　如山東陝西直隸山西，漢唐時平均比例皆在百分之十以上，多者至二三十以上；宋明後皆落至十分以下，平均不過五六分。內中惟河南勉強保持平度，然亦有落下的趨勢。反之如江蘇、安徽、江西、浙江，漢唐時甚微微，以次漸升，至明時皆漲至百分之十以上。此種現象，恐由於宋南渡後南方之人爲的開發，與蒙古侵入後北方之意外的蹂躪。但人民自身猛進與退嬰之精神，亦不容輕輕看過。

㈢**原則上升降皆以漸；然亦有突進者**　例如四川在前漢，不及百分之二，後漢忽升至百分之六；其後即上下於此圈內。浙江向來不過百分之二三之間，北宋忽升至百分之八，南宋又升至百分之二十二。江西向來不到百分之一，北宋忽升至百分之五以上，南宋忽升至百分之十三以上。福建情形，與江西亦大略相等。我們想：這種情形，係由文化之新開闢。從前這些地方，離中央文化圈很遠；一經接觸之後，再加以若干年之醞釀醇化，便產生一種新化學作用。美國近年之勃興，就是這種道理。以此推之，還有許多新地方也該如此。這表現僅編到明爲止，若繼續編下去，當又有新資料可以證明這個公例。例如湖南始終沒有到過百分之二，倘將清史編出來，恐怕要驟漲到百分之十以上；廣東向來差不多都是零度，倘將民國十年史編出來，恐怕也漲到百分之十以上。

㈣**此外尤有一最顯著之現象，則人物分配日趨平均**　前漢山東占百分三十而弱，河南占百分二十而弱；後漢河南占百分三十七而強，山東占百分十二而強；僅此兩省占漢史人物之半數。其餘長江流域各省，沒有能到百分之五的，湖南、福建、兩廣、雲貴都是零度。唐宋時各省都漸漸有人，均勻許多了。到明時越發均遍，沒有一省沒有人，除廣東雲貴三省不滿一分外，其餘各省最高的不過百分之十三四，最低的也有百分之一二；十八省中之九省，皆來往於百分三與百分七平均度數之間。可見我們文化普及之程度，一天經比一天進步。倘若將清史編下去，只怕各省不平等的現象還要格外減少哩！

諸君想想：像這樣粗枝大葉的一張表，我們已經可以從這裏頭發現出四個原則來，而且還能逐個求出他所以然之故，這是何等有趣的事？凡做學問，總要在客觀正確的事實之上才下判斷，這是人人共知的，史學對象的事實，你說單靠幾位大英雄的戰記幾位大學者的著述嗎？這些固然可以表現社會的特殊力，卻不能表示社會的一般力。我們搜集史料，斷不能以此爲滿足。許多事實，並不必從個人有意的動作看出來。即如這張表所根據的材料，不過每篇傳的頭一句——「某處人也」。這樣乾燥無味的句子，從前讀史的人，誰又肯信這裏頭還有研究價值？殊不知拆開了一句一句，誠絲毫無意味；聚攏起來一綜合一分析，無限意味都發生出來了。這表所編，僅限於兩漢唐宋明五朝，而且是不管人物如何，有一篇傳一篇，倘若把二十四史全數編出，再將人物分類，恐怕繼續發明的原則還要多哩！青年諸君啊！須知學問的殖民地豐富得很，到處可以容你做哥侖布，只看你有無志氣有無耐性罷了。

我又請說我們別方面的試驗：我近來因爲研究佛教史，有一回發生起趣味，要調查我們先輩留學印度的事實。我費不少的勞力，考據出二百來個人，內中有姓名可考者一百零五，無姓名可考者八十二，我作了一篇文，叫作〈千五百年前之中國留學生〉，曾經登在《改造》雜誌。我在那篇文章裏頭做了種種統計：

㈠ **年代別**

西曆第三紀後半二人

第四紀五人

第五紀六十一人

第六紀十四人

第七紀五十六人

第八紀前半三十一人

㈡ **籍貫別（內籍貫可考者僅六十五人）**

甘肅十人	河南八人	山西七人
兩廣七人	四川六人	湖北五人
直隸四人	陝西四人	山東四人
新疆四人	遼東四人	湖南三人

㈢ **行迹別**

1. 已到印度學成後安返中國者四十二人

2. 已到西域而曾否到印度無可考者十六人

3.未到印度而中途折回者十四人（？）
4.已到印度隨即折回者二人
5.未到印度而死於道路者三十一人
6.留學期中病死者六人
7.學成歸國而死於道路者五人
8.歸國後第二次再留學者六人
9.留而不歸者七人
10.歸留生死無考者八十人（？）

(四)**留學期間別**（可考者）

四十年以上一人
三十年以上一人
二十年以上一人
十五年以上八人
十年以上五人
五年以上三十九人

(五)**經途別**（可考者但有往返殊途者）

海道六十八人

西域蔥嶺路七十七人
于闐罽賓路二人
西藏尼波羅路七人
雲南緬甸路二十許人

我根據這些數目字，知道事實上「如此如此」，我便逐件推尋他「爲什麼如此如此」。於是得了好多條假說或定說，對於那回事情的眞相大概都明瞭了。我高興到了不得，好像學期試驗得了一回最優等。諸君若要知道詳細，請把那篇文章一看。

我研究佛教史，從各方面應用這種統計法，覺得成績很不壞。我也曾從各家金石目錄中把幾千種關於佛教的石刻——如造像經幢之類，調查出土的地方，調查年代，調查所刻文字的內容——如所造像爲釋迦像，爲彌勒像，爲阿彌陀像；所刻經爲《心經》，爲《金剛經》，爲《陀羅尼經咒》等等。我因此對於各時代各地方信仰態度之變遷，得著一部分很明瞭的印象。我又也曾將正續《高僧傳》及各家《經錄》中凡關於佛教著述的目錄搜尋出一千來種，用他們所解釋的經論分類，一看下去，便可以知道某時代某宗派興衰狀況何如。這些都是我現時正在進行的工作。我做這種麻煩的工作，很勞苦；但是我很快樂，因爲我常常在我的工作中發現意外的光明。我確信我的工作，做一分定有一分成績，做十分定有十分成績。

我想這種方法，可以應用到史學的全部分。我的腦筋喜歡亂動，一會發生一個問題，一會又發生一個問題。我對於我所發的問題都有趣味，只可惜我不能把每日二十四點鐘擴充爲四十八點，所以不能逐件逐件的去過我的癮。現在請把我想做而未能做的題目，隨便說幾個請教諸君。

㈠**我們試作一篇「歷代戰亂統計表」** 把戰亂所起的年月，所經過的年月；所起的地方，所波及的地方；爲何事起；起於某種性質的人；爲敵國相攻抑人民造反；爲自相殘殺抑對外防衛；……諸如此類，預定十幾個條目，依格塡去。也不必氾濫許多書籍，只要把正續《資治通鑑》編完，我信得過可以成一張很好的表。根據這表研究他「爲什麼如此」，一定可以發明許多道理來。

㈡**我們試作一篇「異族同化人物表」** 先把各史有傳的人姓氏譜系來歷稍爲蹊蹺的——如長孫宇文之類，都去研究一下，考定某姓出於某族，並不是很困難的事。一面將各史傳中明記某人本屬某族——如金日磾本籍匈奴，王思禮本籍高麗之類，一一列出。其族別則分爲匈奴、鮮卑、氐羌、蠻詔、高麗、女眞、蒙古、滿洲……等等。看某種族人數何如，某時代人數何如，某地方人數何如。此表若成，則於各外族同化程度及我們現在的中華民族所含成分如何，大概可以瞭解。

㈢**我們試作一篇「地方統治離合表」** 其各地在本族主權者統治之下者不計，其北魏元清三朝，雖屬外族而勢力統一全國或半國者亦不計。自餘各地，約以現制各道爲區域；每一區域，先記其未隸中國版圖之年代，既隸之後，或本地異族據而自立，或外來異族侵據，皆記之。也不必記詳細事迹，但記分立侵據之年代及年數。有這麼一張表，我們各地方進化退化之迹，自然有許多發明。

㈣**我們試作一篇「歷代著述統計表」** 把各史的〈藝文志〉和各人的本傳凡有著述者，將其書名部數卷數列出。再將書的性質分類，將著書人的年代籍貫分類，求出某時代某地方人關於某類學問的著述有幾多部幾多卷。只把數目字列出，便可以知道某時代某種學問發達或衰落，某地方文化程度或高或低，或進化或退化。

㈤ **我們試做一篇「歷代水旱統計表」** 我們歷代史官，對於這類災異極爲注意，試把各史的〈本紀〉和〈五行志〉做底本，參以各省府縣志，以年代地方爲別作一張表。看隔多少年發一回，何時代多，何時代少。這樣一來，上而氣候地質的變化，下而政治的修明和頹廢，都可以推測得幾分。諸君試想：天下最無用的東西，還有過於「五行志」嗎？到了我們這些刁鑽古怪的的史學家手裏頭，也許有廢物利用的日子哩！

像這種大大小小的統計題目，常常在我腦子裏轉的，不下幾十個。我也無暇細述，姑且舉之五個不倫不類的講講。諸君舉一反三，或者想出來的題目比我還多還好哩。總之，凡做學問，不外兩層工夫：第一層，要知道「如此如此」，第二層，要推求「爲什麼如此如此」。論智識之增殖，自然以第二層爲最可寶貴。但是若把第一層看輕了，怕有很大的危險；倘若他並不是如此，你模模糊糊的認定他如此，便瞎猜他爲什麼如此，這工夫不是枉用嗎？枉用還不要緊，最糟是瞎猜的結論，自誤誤人。所以我們總要先設法知道他「的確如此如此」。知道了過後，我自己能跟著推求他「爲什麼如此」，固然最好；即不能，把事實擺出來讓別人推求，也是有益的事。問設什麼法才能知道，「的確如此如此」呢？我簡單回答一句：「有路便鑽」。統計法便是這裏頭一條路。

我並非說這是研究史學的唯一好方法；但我敢說最少也是好方法中之一種。因爲史家最大任務，是要研究人類社會的「共相」和「共業」。而這種「觀其大較」的工作，實爲「求共」之絕妙法門。所以我們很喜歡他。加以我們現存的史料，實在豐富，越發獎勵我們工作的興味。但是這種工作，是很麻煩很勞苦的，而且往往失敗；我自己就曾經失敗好幾回。我並不勸各位同學都向這條路上走；但哪一位對於這種工作有興味，不妨找一兩個題目試一試。須知從麻煩勞苦中得著一點成功，便是人生最快樂的事；或者還可以說人生目的就在此哩。

大家講堂 021

中國歷史研究法補編

——〈中國考古學之過去及將來〉〈歷史統計學〉合刊

著　　者 —— 梁啓超
發 行 人 —— 楊榮川
總 經 理 —— 楊士清
總 編 輯 —— 楊秀麗
叢書企畫 —— 蘇美嬌
封面設計 —— 姚孝慈
出 版 者 —— **五南圖書出版股份有限公司**
地　　址 —— 台北市大安區 106 和平東路二段 339 號 4 樓
電　　話 —— 02-27055066（代表號）
傳　　眞 —— 02-27066100
劃撥帳號 —— 01068953
戶　　名 —— 五南圖書出版股份有限公司
網　　址 —— https://www.wunan.com.tw
電子郵件 —— wunan@wunan.com.tw
法律顧問 —— 林勝安律師事務所　林勝安律師
出版日期 —— 2022 年 6 月二版一刷
定　　價 —— 280 元

國家圖書館出版品預行編目資料

中國歷史研究法 . 補編 : < 中國考古學之過去及將來 > < 歷史統計學 > 合刊 / 梁啟超著 . -- 二版 -- 臺北市 : 五南圖書出版股份有限公司 , 2022.06
面 ; 公分 . -- (大家講堂)
ISBN 978-626-317-331-6 (平裝)

1. 史學方法　2. 中國史

611　　110017916